시가 교육에게 말을 걸다

# 시로 읽는
# 교육의
# 풍경

시가 교육에게 말을 걸다

# 시로 읽는
# 교육의
# 풍경

초판 1쇄 인쇄  2024년 5월 11일
초판 1쇄 발행  2024년 5월 18일

지은이  강영택
펴낸이  김승희
펴낸곳  도서출판 살림터

기획  정광일
편집  조현주·송승호
북디자인  꼬리별

인쇄·제본  (주)신화프린팅
종이  (주)명동지류

주소  서울시 양천구 목동동로 293, 2215-1호
전화  02-3141-6553
팩스  02-3141-6555
출판등록  2008년 3월 18일 제313-1990-12호
이메일  gwang80@hanmail.net
블로그  http://blog.naver.com/dkffk1020
한국교육연구네트워크  www.kednetwork.or.kr

ISBN  979-11-5930-284-8  03370

시가 교육에게 말을 걸다

# 시로 읽는
# 교육의
# 풍경

강영택 지음

엄혹한 세월 속에서도

유머를 잃지 않으시고

일생을 한 편의 시詩처럼 사신

나의 사랑하는 어머님 조외택 권사님께

이 작은 책을 바칩니다.

# 시/교육은 빛과 사랑의 교환이다

함돈균(문학평론가, 교육 및 인문 운동가)

시인들의 스승이라 불리던 문학평론가이자 번역가 고 황현산 선생님은 평소 시를 '아름다운 노래이거나 낯선 말'이라고 하셨습니다. 전자의 규정이 전통적 시가 지닌 형식적 특징과 그 '노래' 형식이 배태하는 서정성을 지시하는 것이라면, 후자는 현대 시의 언어가 지닌 특유의 독립적이고 모험적인 성격과 관련된 규정이라고 할 수 있습니다. 시의 언어가 지닌 독립심과 모험심은 사유를 억압하는 어떤 형태의 이데올로기도 거부하며 세계의 진상을 드러내는 데 전력하는 전위성을 띤다는 점에서 '자유'의 문제와 연결되어 있다고 할 수 있습니다.

더 정확하게 말한다면 시는 아름다운 노래이면서도 낯선 말이 되기를 원하고, 낯선 말이면서도 아름다운 노래가 되려는 욕망을 포기하지 않는 정신의 에너지라고 해야 하지 않을까요. 시는 사력을 다해 존재의 아름다움을 추구하지만, 그것의 방향은 억압 없는 삶을 향한 자유의 추구입니다. 아름다움의 형상 자체가, 어쩌면 아름다움을 추구하는 일 자체가 '자유'의 문제와 연관되는지도 모르 겠습니다.

하지만 이 문제는 섬세하게 나누어야 할 많은 논점을 지닌 이야 기입니다. 무엇보다도 우리가 살고 있는 '현대적' 삶의 환경들이 간 단치 않기 때문입니다. 현대의 중요한 특징은 진선미眞善美의 분리 입니다. 전통 형이상학의 혁신적 파괴자인 철학자 니체 이후 도덕 의 문제는 실용적이고 전략적인 차원으로 이해되기 시작했고, 그 에 따라 '선'은 진리의 문제와 분리된 것으로 규정되었습니다. 기술 주의 시대의 도래에 따라 자연에 대한 인간 지배, 자연과 인간의 분리가 가속화되면서 '인간성'이 자연의 섭리 안에 있다는 의식은 약화하였으며, 아름다움의 문제 역시 인공화된 관점에서 이해하는 미의식이 출현했습니다.

현대 시의 발명자로 불리는 19세기 프랑스 시인 샤를 보들레르 에 따르면 우리는 자연과의 고리가 끊어진 '인공낙원'에 살고 있으 며, 현대 시의 과제는 자연과 인간 간 분리의 불가피성, 인간이 어 떻게 자연의 섭리 속에 더 이상 거주할 수 없는지에 관한 메마른 성찰을 보여 주는 일일 수밖에 없습니다. 그의 시에 이르러, 또는 그의 시에서 시작된 '현대 시'가 음악성을 잃고 산문적인 것이 된 데는 자연과 인간이 분리되지 않은 채 만상을 통합적으로 관할하 는 존재의 유연한 리듬, 서정적 질서 같은 것이 깨져 버렸다는 불 행한 의식이 자리 잡고 있습니다. 이 불행한 의식에는 진리와 도덕 과 아름다움의 전체적 연결성, 세계와 삶의 '총체성'이라고 불릴 만한 어떤 것이 깨져 버린 세계에 관한 의식이 깔려 있습니다. 시가 이제 '아름다운 노래가 되지 못하는 낯선 말'이 된 것입니다.

현대 세계의 이러한 산문성에도 불구하고 미적 이상을 통해 인간성의 수준을 전인적으로 끌어올리려는 시도가 끊어진 것은 아닙니다. 오히려 현대성의 도래와 더불어 동시에 시작된 것이 미학적 가상을 통한 인간성 회복 운동이었고, 미적 교육이야말로 인간의 총체적 진화이자 문명의 진정한 진보 운동이라고 생각했던 이들이 나타났습니다. 철학자이자 시인인 프리드리히 실러는 미적 감수성이 증발한 역사 운동이 어떤 파괴적 위험성을 가졌는지 목격하였고, 그 결과 미적 감수성의 회복과 인간 자유의 깊이 있는 추구의 문제를 교육이 지닌 궁극적 이상과 동일한 것으로 규정하였습니다. 미적 교육에 관한 이러한 이념은 세계 역사의 어떤 시기에는 정치적 파시즘과 대결하는 정치의식의 고갱이가 되었으며, 산업화·자본화·기술화가 진전되며 인간성에 관해 위태로운 질문이 제기되는 현시점에도 여전히 교육의 미래와 이상에 관한 나침반이 되고 있습니다. 이 나침반에 따르면 시대를 앞서가는 예술가와 전위적인 시인은 필연적으로 인간과 세계에 관한 가장 성숙한 교육자이자 예언자적 지성일 수밖에 없으며, 깊이 있고 성의 있는 교육자라면 예술적 감수성과 시적 직관이 도달한 훈련 방식을 인간 성장과 교육의 미래를 설계하는 프로그램으로 도입하지 않을 수 없습니다.

이 책은 예전에는 중등교육 영역에서 학생을 가르치는 국어 교사로서, 지금은 고등교육 영역에서 연구와 교육활동에 매진하는 교육학자로 살아오신 강영택 교수님의 진지하고 뜨거운 교육학적 성찰, 아주 오랫동안 진행되어 온 실천적 사유를 담고 있습니다. 이 책에는 진리와 도덕과 아름다움이 분리되지 않으며, 시의 형상 속에 거하는 시의 하느님을 통하지 않고서는 인간의 참된 성장도 역사의 진화나 문명의 진정한 진보도 이루어지기 어렵다는 인식을 담고 있다는 점에서 현대의 조각난 총체성에 관한 강력한 문제의식이 스며 있습니다. 문명의 몰락과 인간 존재의 전면적 위기가 대두된 이 시점에 우리가 나눌 교육철학이 입시제도, 교권 및 학습권 수준의 현상적 논의에 머물러서는 안 됨을 일깨웁니다. 감성적이면서도 윤리적이고, 영성적이면서도 실천적 의지로 가득 차 있는 점에서 이 책은 미적 교육에 관한 편지를 쓴 실러 이후 예술교육자의 계보에 있으며, 아직도 온전히 실현되지 못한 순수하고 아름다운 미적 교육에 관한 열망이 고스란히 담겨 있습니다.

책은 김춘수의 꽃을 통한 만남의 존재론과 대화의 교육학, 함민복의 사과를 통해 깨닫는 우주적 공동체성, 정학진의 나침반이 진동하는 확신과 겸손 사이에서 고민하는 교사의 존재론, 정현종의 방문객과 환대의 학생론, 도종환의 봄흙을 통해 일구는 배움의 텃밭론, 그리고 마침내 칼릴 지브란의 예언자를 통한 사랑의 교육론과 네루다의 '내게로 온 시'를 통해 경험하는 은총으로서의 지혜와 지식에 관한 이야기 등으로 이어집니다. 이 책은 한국 현대 시의 언어가 성숙하고 유연하며 사랑이 충만한 열린 지성을 기원하는 인간 성장에 관한 미적 편지들이었음을 독자들에게 새삼 알려 줍니다. 또 이 방향에서 한국의 시와 외국 시인들의 시가 다르지 않음을 증언합니다. 개별 언어가 지닌 특수성조차도 인간 성장과 진화의 보편성 안에 거주하는 것이며, 개별적 인간 감수성 역시 우주적 지성 속에 연결되어 있기 때문입니다.

물질적인 것과 정신적인 것, 자연과 문명, 감수성과 지성, 배움과 삶의 통합, 즉 분리된 진선미의 연결성을 탐구하고 삶의 온전성을 회복하는 일, 이를 위해 교육에서 전인성, 전일성, 지구적 차원을 각성하고 회복하는 것은 미래교육의 큰 방향이며 위기에 처한 인간 문명의 절박한 과제입니다.

30여 년 전 제 모교에 초임 교사로 발령받은 은사님의 책이 치열한 삶의 여정과 학문적 실천을 거쳐 시의 이야기로 귀결되었음이 놀랍고 반갑습니다. 문학 연구자, 특히 시에 관한 글을 주로 쓰는 문학평론가인 동시에, 이제는 그 문제의식과 훈련법을 가지고 새로운 배움을 설계하고 실천하는 교육운동가·인문운동가로 살고 있는 저로서는 강영택 선생님의 이 책에 깊은 울림을 받지 않을 수 없습니다.

시는 말과 논리의 배치이기 전에 빛과 사랑의 교환입니다. 교육의 이상과 본질도 그런 것이 아닐까요. 시를 통해 인간의 성장에 대해 말을 건네며, 배움을 통해 아름다움의 신비에 관해 생각해 보는 이 책이, 무엇에도 집중하지 못하게 하는 이 소란스러운 세상에 우리에게 전해진 따뜻하고 묵직한 편지가 되리라 확신합니다.

# 시와 교육의 행복한 만남을 위하여

차정식(한일장신대 신학과 교수, 『한국 현대시와 신학의 풍경』 저자)

시는 문자로 써지고 입의 말로 낭송되며 독자에 의해 음미된다. 그런데 그 시는 교육될 수 있고 교육 이론과 철학, 그 방법에 영감을 주고 서로 행복하게 통할 수 있는 걸까.

이 책의 저자 강영택 교수님은 당연히 그러하며, 진실로 그러하다고 답한다. 여기서 한 걸음 더 나아가 그는 오늘날 수렁에 빠져 헤매는 교육이 그 메마른 각질을 벗고 우화등선하여 아름다운 시로 피어나는 꿈을 꾼다. 글을 읽어 보니 강 교수님의 이러한 실험적이고 획기적인 구상은 꽤 이력이 장구한 듯하다. 그는 대학 졸업 후 전공인 경영학을 살려 대기업에서 돈을 매개로 재화를 증식하고 수익을 창출하는 일을 했다. 그 자본제적 환경의 이로운 점을 발견하고 세속을 깨달았지만 박경리의 대하소설 『토지』를 통해 눈뜬 문학세계와 그 역사 이면에 자리한 민중의 혹독한 삶을 발견하면서 그 안전하고 든든한 직장을 떠나 문학 공부의 길로 들어서 국어 교사로 10년을 봉직하였다. 하지만 청년 문학도의 꿈과 입시 공부에 치여 사는 학생들의 국어 공부 사이에서 그는 실존적 괴리를 느끼고 사회적 균열을 경험한 나머지 또다시 모험의 돛을 올리며 38세의 다소 늦은 나이에 미국 유학을 떠나 교육의 본질 탐구에 골몰한다.

이러한 인생사의 내력 가운데 강 교수님은 세속사회의 자본제적 편리함과 황량함, 문학세계의 아름다움, 교육현장의 숭고함을 두루 익히고 몸으로 체현하여 시로써 교육하고 시를 교육하며 마침내 교육이 시처럼 아름답게 개화하고 결실하는 행복한 만남을 꿈꾸기에 이르렀다.

이 기획을 실현하기 위해 그는 13편의 시를 깊이 읽고 음미하며 그 시어의 이미지를 분석하고, 그 은유적 의미에 담긴 교육과 교육학의 아이디어를 추출한다. 그 아이디어 대부분은 오늘날 교육현장에 비추어 다분히 계몽적이고 자기 성찰적이다. 특히 교육학자로서 걸어온 10여 년간의 학문적 여정 가운데 나타난 교육현장은 그 척박한 구조에 인 박힌 각종 모순과 부조리에 시달릴 뿐 아니라 비교육적이고 심지어 반교육적인 인습으로 들끓는 억압적이고 피로한 풍경으로 돋을새김된다. 그런데 그럴수록 교육하는 선생과 교육받는 학생이 더 간절하게 다가서서 친밀하게 소통하며 진, 선, 미의 덕성을 함양하고픈 갈망은 더 깊어진다. 그 긴 세월 발효해 온 교육현장의 경험과 그 가운데 오래 묵은 갈망이 마침내 이 책으로 성육했고, 이 책은 다시 학생들에게 훌륭한 교육 자료로 피드백되어 적잖은 반향을 일으켜 온 것으로 보인다.

이 책은 13편의 시 읽기를 통해 오늘날 교육현장의 핵심 문제를 다채롭게 조명하면서 기존 관점을 넘어 시적인 영성을 교육과 접맥시키는 방향으로 전개된다. 두루 절실하고 시의적절한 그 시적인 영감의 촉수를 하나씩 요약하면 대강 이렇다.

저자는 김춘수의 「꽃」을 통해 '나'와 '너' 사이의 열린 대화와 소통에 근거한 인격적 관계 맺기에서 교육의 본질을 찾고, 김광규의 「생각의 사이」를 통해 배타적 전공 중심주의와 전문가 지상주의의 현실 가운데 학문의 융합과 학제 간 소통 지향적 지식 추구에 암시된 교육의 미래를 전망하며, 함민복의 「사과를 먹으며」를 통해서는 능력지상주의 소용돌이 속에 표류하는 우리 교육의 현주소를 성찰하면서 공동체의 역량 강화와 유기체적 상호 의존의 덕성을 대안으로 제시한다. 연이어 그는 정호승의 「수선화에게」를 다시 읽으면서 세계와 참 자아의 원천에 눈뜨게 해 주는 외로움의 체험과 그 존재론적 의미를 조탁하고, 정학진의 「나침반」의 떨리는 바늘 이미지를 세밀하게 분석하여 자신의 취약성 발견, 끝없는 약동과 열린 변화의 자세, 과도한 자기 확신을 제어하는 자기 성찰, 진리를 향한 갈급함의 요소를 새로운 교육학의 표징으로 설정한다.

그런가 하면 칼릴 지브란의 「예언자」 한 소절을 신선하게 재해석하여, 정신적인 관조와 여가를 중시하지만 육체노동을 천시하는 동서양의 고답적 전통과 노동의 생산성이나 효용성만 중시하는 오늘날 자본제적 현실을 비판하면서 사랑과 결합된 노동의 숭고함에 대한 재인식이 교육하는 자와 교육받는 자 사이에 진정한 사귐의 가교가 될 수 있다고 통찰한다. 나아가 강 교수님은 정현종의 시 「방문객」을 재료 삼아 학생의 모든 조건을 전폭적으로 수용하는 환대의 학생론을 펼치는가 하면, 도종환의 「어릴 때 내 꿈은」에서는 열악한 교육현장에서 자주 좌절할지라도 먼저 풍성한 영양을 공급하는 좋은 사람이 되어야 한다는 봄흙의 교사론을 도출해 낸다. 그 밖에도 김명수의 「하급반 교과서」 읽기에서는 획일적이고 전체주의적 독서 풍경과 교육 풍토에서 그 전체성을 해체하고 영원한 개방성을 추구하는 레비나스의 '무한' 개념과의 접속 통로를 보여 주고, 박경리의 「산다는 것」에서는 모순의 교육을 넘어 역설의 교육으로 나아가는 성숙의 샛길을 탐지하며, 양광모의 작품 「나는 배웠다」에서는 여가와 쉼의 교육학이 제공하는 관조와 성찰, 사색의 기회를 살려 학생들이 '동사적 삶'을 넘어 '감탄사적 삶'으로 진보할 가능성을 탐색한다. 마지막으로 저자는 네루다의 「시가 내게로 왔다」를 자세하게 읽으면서 단순히 앎을 축적하여 재생하는 성과주의의 폐단을 극복하는 은총으로서의 지식론을 설파한다.

모든 문학은 구경적究竟的 삶의 지향점을 품고 있으며, 시문학이 특히 그렇다. '구경적'이라 함은 예측 불가능한 실존의 미궁과 그곳으로 인간을 끌어들이는 불가항력적인 운명의 힘을 일컫는 개념이다. 전혀 기대하지 않았고 예상하지 않았는데 어느 날 불현듯 자신에게 시가 찾아왔다는 은총으로서의 앎과 깨달음도 이러한 존재의 영역에 속한다. 앞서 이 책을 기획한 저자의 심중에 오래 묵은 '시적인 영성'을 언급한 것도 바로 이러한 맥락에서다. 삶의 온갖 부조리를 관통하는 시적인 정의poetic justice의 힘은 온갖 노력과 수고를 가로지르며 은총의 표정으로 찾아온다. 강영택 교수님은 그 표정을 자신의 공생애를 투신한 교육과 교육학의 현장에서 찾아낸 것이다. 이는 또한 이 책의 서문에서 인용된 시구, 곧 횔덜린이 엠페도클레스의 죽음과 연관하여 쓴 시구에서도 확연하게 드러난다. 4원소설로 유명한 고대 그리스의 자연철학자 엠페도클레스가 자신의 교육적 계몽 활동이 거부당하여 대중에게 추방된 상태에서 시칠리아섬의 에트나 화산 불구덩이에 스스로 몸을 던져 그 진리를 실험하는 제물로 자신을 희생한 시적인 죽음의 형식으로 진리의 교육과 아름다운 시심을 융통시키고자 한 견자의 시선을 우리는 그 구경적 삶/죽음의 자세에서 엿볼 수 있다.

내가 지난여름 시칠리아 에트나 화산에 올라가서 엠페도클레스의 흔적을 더듬었을 때 2,500년이 흐른 지금에도 그 산 정상은 잿빛 연기를 뿜으며 지층을 더러 흔들었다. 마치 엠페도클레스의 혼령이 앎의 일선에 선 자들에게 구경적 시심으로 진리를 배우며 가르치고 있는지 치열하게 따져 물으며 선생과 학생을 흔들어 깨우고 있는 듯했다. 하지만 강 교수님은 그러한 에트나산의 화산과 화염이 불필요한 분이다. 10여 년 함께한 신앙공동체에서 어울리면서 나는 그가 오랜 유랑자적 삶의 여정 가운데 화산의 연기와 불을 뿜지 않아도 고요한 미소로 구경적 시심을 교육현장에 적용할 만큼 넉넉한 은총의 빛을 머금고 있음을 잘 알기 때문이다. 그것은 임의로 부는 바람처럼, 뭇 해방의 징조로 강림하는 성령의 햇살처럼, 저자의 몸과 삶을 숙주 삼아 신실하게 기동하였고 이 책의 정갈한 문체처럼 지금도 느린 행보로 그의 공생애 안팎으로 굼실거리고 있다. 시를 자양분으로 하여 탄생한 이 책의 좋은 문장들이 또 다른 한 편의 시처럼 교실에서 암송되고, 기억되고, 삶으로 성육하여 또 다른 아름다운 시들로 학생들의 가슴에 꽃피어나길 기대한다.

# 차례

# 진실과 아름다움을 추구하는
# 시적 교육론
## 문학과 더불어 걸어온 한 교육학자의 삶의 여정

대학에서 교육학 교수로 학생들을 가르친 지도 20여 년이 되어 간다. 지금부터 30년 전에는 서울의 한 고등학교에서 국어 교사로 학생들에게 국어와 문학을 가르치고 있었다. 그 이전에는 대학에서 경영학을 전공하고 많은 학생이 가고 싶어 하던 대그룹의 한 기업에서 경영기획 일을 하였다. 인생에서 보란 듯이 성공을 이루려면 한길만을 가더라도 여유 없이 부지런히 달려야 하는 것이 현실인데 나는 왜 정처 없이 삶의 방향을 이리저리 바꾸면서 배회하며 살아왔던가?

## 현실 세계에 침투해 온 또 다른 세계

대학은 삶과 진로에 대한 고민거리와 질문들만 안긴 채 나를 사회로 밀쳐 내었다. 대학 졸업 후에는 다른 학우들이 그러하듯

(미국의 거대 다국적 기업의 합작회사였던) 우리나라 대기업에 취업하여 밝은 미래를 기대하며 직장생활을 시작했다. 처음으로 내 힘으로 돈을 벌어 필요한 것들을 구입하는 즐거움을 누리며 우리나라의 경제 발전에 이바지한다는 괜한 자부심까지 겹쳐 직장생활은 나쁘지 않았다. 더구나 마침 초대형 프로젝트에 관계하여 회사가 속한 그룹의 회장을 근거리에서 살펴볼 기회가 생겼는데, 이는 흥미로운 경험이었다. 이처럼 기업이라는 세계에 조금씩 발을 들여놓을 때 나에게 또 하나의 새로운 세계가 찾아왔다.

당시 나는 잡지에 연재 중이던 박경리 작가의 『토지』에 빠져들었다. 『토지』는 나에게 현실 세계에서의 경험과는 다른 새로운 세계의 지평을 열어 주었다. 나는 낮에는 대한민국 경제 현장의 최전선에서 분주하게 지내다가 퇴근 후에는 자취방에서 『토지』의 문을 열고 또 다른 세계로 들어갔다(마치 〈나니아 연대기〉에서 네 명의 아이들이 옷장 문을 열고 아슬란이 있는 나니아란 세계로 들어갔듯이). 그 세계는 길상이와 서희로 대표되는 이 땅의 민중이 힘겹게 그러나 묵묵히 운명을 일구어 나가는 우리나라 근현대사의 공간이었다. 장자가 나비 꿈을 꾸고 나서 사람이 나비가 된 꿈을 꾼 것인지, 나비가 사람이 된 꿈을 꾼 것인지 혼란스러워했던 것처럼 나도 『토지』로 경험했던 '문학적 세계'가 현실인지 나의 직장생활이 현실인지 모호할 만큼 그 경험은 매우 강렬했다. 가난과 고통을 숙명으로 받아들이고 살았던 그들의 구한말과 일제강점기 삶의 공간이나 밤늦은 시간까지 꺼지지 않는 사무실과 공장의 불빛 아래 피곤에 지쳐 터덜터덜 걸어가는 산업 역군들의 삶의 현장 모두 나에게는 거부할 수 없는 소중한 세계였다. 내가 몸으로 살아가는 산업현장이 때로는 누추하고 의미 없이 느껴질 때 문학의 세계는 나에게 황무함과 누추함의 미학이 존재함을 알게 해 주었다.

당시 내 심경을 잘 표현한 것 같아 책상 앞에 써 두었던 독일 시인 횔덜린의 글이 있다.

그리고 나는 이 엄숙한 대지, 괴로워하는 대지에 내 가슴을 맡기고, 숙명의 무거운 짐을 진 이 대지를 죽을 때까지 충실하게 두려움 없이 사랑하며 그의 수수께끼를 단 하나라도 경멸하지 않을 것임을 신성한 밤이면 약속했노라. 그리하여 나는 죽음의 끈으로 대지의 품에 들었노라.

_횔덜린, 「엠페도클레스의 죽음」 중에서

『토지』로 맞이한 문학의 세계는 나의 삶이 소비의 즐거움이나 새로운 경험에 대한 호기심, 근거 없는 자부심 등으로 채워 가기에는 너무나 엄숙하고 숭고하다는 사실을 일깨워 주었다. 결국 기업의 세계에 입문하여 2년이란 시간을 보내고 "무거운 짐을 진" 이 세계의 숭고한 아름다움을 찾아서 그 속으로 들어가기 위해 직장에 사표를 던졌다. 그러고는 수수께끼가 가득한 이 대지를 잊거나 경멸하지 않고 깨어서 지켜볼 수 있도록 문학을 공부하기로 마음먹었다. 졸업한 대학에 편입학하여 2년 동안 학교를 다니며 책 읽

는 즐거움을 마음껏 누렸다. 무엇보다 문학 공부를 하면서 배운 점
은 문학이 사회가 우리에게 부과하는 다양한 규제와 억압에서 벗
어나 자유를 경험하게 한다는 사실이었다. 시와 소설을 읽는 일은
내가 경험하지 못한 세계를 경험하며 내가 보지 못한 사물의 다른
측면을 상상하게 하는 작업이었다. 또한 삶과 세계의 외형적인 면
에서는 쉽게 찾아보기 어려운 내면에 감추어진 진실을 찾아가는
과정이기도 했다. 그 시절 시론詩論을 가르친 교수님은 시를 "아름
다움과 진실을 찾아가는 삶의 한 방식"이라 정의하였다. 시는 언어
의 리듬과 이미지를 중시하는 문학의 한 장르라는 일반적이고 상
투적인 정의보다는 그의 정의가 매우 참신하게 다가왔고, 그런 의
미에서 시는 나의 삶에 가까이 와 있었다.

다시 시작한 대학 공부를 마친 뒤 감사하게도 서울의 한 고등학
교에 국어 교사로 부임하게 되었다. 초기에는 내가 배운 대로 문학
을 가르치며 삶의 진실과 아름다움에 대해 학생들과 토론을 하곤
했다. 그러다 교직 경력이 조금씩 쌓이면서 수업의 방향이 다른 곳
을 향하고 있음이 보였다. 수업 시간에는 점차 진실 대신 현실에
관한 말들이 오갔고, 아름다움 대신 정답을 가려내는 기술이 중심
을 이루었다. 학생들과 함께 시와 소설을 읽고 가르치면서 내가 경
험했던 문학적 세계를 그들도 경험하기를 바랐다. 그리하여 대한민
국 청소년의 무기력하고 팍팍한 삶을 건강하고 활기찬 것으로 바
꿀 수 있기를 기대했다. 하지만 이런 바람은 현실을 너무나 모르는
순진함의 발로였음이 드러나고 말았다. 모든 과목의 공부가 대학

입시에 종속된 상황에서 시 공부라 하여 입시와 관계없이 진실과 아름다움의 관점으로 풀어내기에는 나의 역량이 미약했고 시대의 벽은 거대했다.

시를 시답게 읽고 가르칠 수 있는 세계를 만들기 위해, 문학을 문학답게 가르칠 수 있는 교육적 역량을 기르기 위해 준비가 필요하다는 생각이 들었다. 생애 두 번째 사표를 던진 것은 교직 생활을 시작한 지 10년이 가까워지던 시점이었다. 사표가 누추한 교육 현장으로부터 도피하려는 행위가 아님을 스스로에게 분명하게 다짐하였다. 일시적으로 학교현장을 떠남이 이 대지의 수수께끼들을 경멸하지 않고 대면하여 끌어안고자 하는 의지의 표명이라 위로하면서….

## 참과 선과 아름다움을 추구하는 지식 그리고 교육

38살의 중년에 나는 살던 집의 전셋돈을 받아 들고 가솔을 이끌고 미국으로 향했다. 나는 왜 유학을 떠났을까? 진리와 참된 교육에 대한 목마름과 절박함 때문이었다. 동서양을 아우르는 교육의 본질은 무엇인가. 과연 그것이 우리 교육에는 어떻게 반영되고, 왜곡되어 있는가. 교육을 통해 궁극적으로 추구하는 바는 무엇인가. 우리가 열심히 배우고 가르치는 지식이 왜 점점 더 삶과 단절되고 유리되어 가는가. 지식을 탐구하고 가르치는 일은 일생을 헌

신할 가치가 있는가. 이런 질문들을 품고 시작한 타국에서의 낯선 공부와 생활은 나를 새로운 세계로 이끌어 주었다.

공부를 통해 새로운 지식의 세계에 푹 빠져 나의 사유체계를 확장하는 기회를 얻게 되었다. 인생의 다양하고 새로운 경험을 통해 지금까지와는 다른 관점으로 세계를 보고 생각할 수 있었다. 무엇보다 중요한 깨달음은 공부가 우리의 삶과 얼마나 밀착되어 있는지를 알게 된 점이었다. 무언가를 알아가는knowing 일은 나의 존재being를 형성하는 과정임을 배운 것이다.

대한민국에서 그처럼 뜨겁게 교육이 일어나도 사회는 여전히 차갑고 혼란스러울 수밖에 없는 이유가 분명했다. 나에게서 지식/앎이 존재/삶이 되어 가는 과정을 목도하면서 서구에서 출판된 책들을 통해 습득하는 지식의 한계를 돌아보기도 했다. 그러면서 깨닫게 된 점은, 우리가 추구하고 배우는 참된 지식은 궁극적으로 인간을 더욱 진실되고 선하고 아름답게 가꾸어 가는 것이어야 한다는 것이었다. 지금까지 오랫동안 가까이해 온 문학과 교육학의 세계는 물론이거니와 잠깐이나마 공부했던 신학과 경영학까지도 진선미眞善美를 향한 인간의 염원과 열망을 담고 있음을 알게 되었다. 학문마다 주로 관심을 보이는 인간 삶의 영역과 주제가 다르고, 각각의 삶의 영역에서 진선미를 규정하고 이해하는 방식이 인간의 욕망과 세상의 힘의 논리에 의해 왜곡되는 것도 사실이다. 그러므로 그 왜곡이 어떤 점에서 얼마나 일어나고 있는지를 깨달아 가는 작업이 필요하다.

지금 나의 전문 분야가 된 교육(학)은 분명하게 진, 선, 미를 추구하는 활동이었다. 즉, 연구하는 학문으로서의 교육학이나 학생들을 가르치는 활동으로서의 교육은 모두 사람이 진리를 탐구하고 선을 분별하여 실천하는 아름다운 삶을 가꾸어 가게 하려는 의도를 지니고 있었다. 그러나 산업화 사회가 발전하면서 우리가 의식하지 못하는 사이에 교육은 진선미의 이상으로부터 점차 멀어져 왔다. 가르치고 배우는 일에서 그 본질인 지식의 진실성 여부나 지식의 공공선에 대한 기여 등에는 관심이 엷어졌다. 요즘의 지식이란 많은 사람, 특히 권력자들에게 이익을 주는 것이 중요하고, 그럴 때 그것은 참되고 선한 지식으로 둔갑하고 만다. 그러고 나서 그것은 화려하게 포장된 채 세상에 유통되며 대세가 되어 진리 행세를 한다. 디지털 시대라 하는 현대 사회는 매우 빠른 속도로 무수히 많은 정보와 지식이 생산되고 유통된다. 그 정보와 지식 가운데는 거짓된 것들이 적지 않게 섞여 있다. 그리고 디지털 정보는 대중성과 짧은 유통기간을 핵심 속성으로 한다. 이러한 상황에서 지식의 '진, 선, 미'라는 근원적 가치를 천천히 그리고 지속적으로 따져 보고 추구하기는 쉬운 일이 아니다.

디지털 시대에 교육이 어떻게 참과 선과 아름다움과 관계할 것인지는 새롭게 고민해야 할 과제이다. 먼저, 우리가 디지털 매체를 통해 쉽게 접하게 되는 지식과 정보 가운데 참과 거짓을 분별하는 안목이 요구된다. 최근 들어 강조되는 디지털 문해력digital literacy은 디지털 기기들을 활용하는 능력뿐 아니라 거기에서 산출된 정보를 정확하게 읽고 맥락 가운데 바르게 이해하는 능력을 중시한다. 특히 진실된 정보와 거짓된 정보를 구분하고, 더 중요한 것과 덜 중요한 것들을 판단할 수 있어야 한다. 다양하고 복잡하게 혼합되어 있는 지식과 데이터 속에서 참되고 선한 것을 분별하는 안목을 지니려면 과학기술에 대한 지식뿐 아니라 인문학적 소양을 갖추어야 한다. 그러므로 오늘날 교육은 학생들에게 단순히 지식을 많이 전달하는 것이 중요하지 않다. 그보다 인류가 살아갈 이 지구촌을 지속가능하게 하는 데 기여할 참되고 선한 지식을 갖추도록 하는 것이 중요하다. 그러기 위해서는 사람들이 공유하는 기존 지식을 여러 방면에서 적극적으로 수용하면서도 비판적으로 보는 시각을 길러야 한다. 지식이 권력에 의해 어떻게 왜곡되었는지, 어떤 문화를 중심으로 지식의 체계가 만들어졌는지, 어떤 문화와 관련된 지식은 어떻게 배제되고 무시당했는지와 같은 문제 제기가 필요하다. 나아가서 학생들은 타자와의 협력과 연대를 통해 지식을 융합하고 새롭게 창출하는 능력을 갖추도록 교육받아야 한다. 그래서 그들이 습득하고 생성하는 지식은 무엇보다 참되고 선하며 아름다움의 속성을 지녀야 한다. 그런 측면에서 교육은 문학, 특히 시와 깊은 관계를 맺을 필요가 있다.

# 시와 교육 그리고 진선미

　교육이 내재적 가치를 잃어버리고 추구할 바를 찾지 못한 채 방황하는 현실태에서 벗어나는 길은 무엇일까? 무엇보다 어디에서 길을 잃었는지, 어떻게 방황하고 있는지를 인지하는 것이 중요하다. 이런 작업은 고도의 논리적 사유를 필요로 하지만 때로는 매우 예민한 감수성에 포착되기도 한다. 그러므로 교육의 온전한 회복을 위해서는 정확한 문제 인식과 논리적이고 체계적인 대안 제시 같은 교육학적 노력도 필요하지만, 시인의 예민한 감수성으로 교육 현상을 살펴보아 어그러짐의 자취를 찾아보는 것도 한 방법이다. 좋은 시들을 자주 읽음으로써 그것에 내포된 삶과 사물에 대한 시인의 창의적인 감각과 표현에 주목해 보고, 시에 함축된 진실함과 아름다움을 경험하게 하는 것이 시적 감수성을 향상시키는 길이다.

　교육은 참된 것과 선한 것을 중시하여 이들을 내용과 목적으로 삼는 경향이 있다. 즉, 교육은 참되고 선한 지식을 다양한 교육활동을 통해 가르쳐 학습자와 그들의 세계가 더욱 진실하고 선하게 되도록 하는 것을 중시한다. 이에 덧붙여 참된 것과 선한 것뿐 아니라 아름다움 역시 교육의 핵심 가치인 것을 기억해야 한다. 학생들은 교육을 통해 아름다움의 경험을 많이 해야 한다. 아름다움을 경험하는 교육은 학생들을 정서적으로 풍부하게 하고 진실되고 순수한 감정을 불러일으킨다. 풍부한 감성과 진실된 마음은 오늘날 우리에게 요구되는 타인을 이해하는 공감 능력의 토대가 될 것이다.

아름다움의 경험이 인간 존재에 얼마나 중요한지를 깨닫는 것은 시몬 베유의 다음 말로 충분할 것이다.

아름다움과의 접촉은 그 자체로 성스러운 일이다. 아름다움은 반드시 순수하고 진실한 감정을 불러일으키는 것으로 순수하고 진실된 감정을 불러일으키는 모든 것 안에는 신이 실제 현존하기 때문이다.

교육과 마찬가지로 시 역시 진, 선, 미를 지향한다. 시는 타성화에 젖어 늘 똑같은 색으로만 보이던 사물들과 일상적 삶에 새로운 색깔을 덧입히는 일이다.김용규, 2011 그래서 사물과 삶을 새롭게 응시하게 하여 그 이면에 숨겨진 진실을 발견하게 한다. 그리고 그러한 과정에서 상투성을 벗어나 새로움을 발견하는 창조의 즐거움을 맛보게 한다. 그러므로 우리는 사물들을 볼 때 그것들을 감싸고 있는 표피 속에 숨겨진 진실과 아름다움을 보기 위한 노력이 필요하다. 여기에는 시인의 풍부한 감수성과 시인의 예리한 눈이 요구된다. 시인의 감수성이나 눈은 특별한 사람들에게만 주어지는 타고난 재능이라 간주하지 않고 누구나 깨달음과 노력으로 습득 가능한 것임을 명심할 필요가 있다.

60여 년 전, 먹구름이 때로 맑은 하늘을 가리던 시절, 한 시인은 "껍데기는 가라. 사월도 알맹이만 남고 껍데기는 가라"신동엽의 「껍데기는

가라」며 사물과 역사의 참된 정신을 온갖 잡스러운 것들로부터 분별하여 지키고자 애를 썼다. 그 시인에게 진실을 보는 매서운 눈이란 올바른 역사의식 속에서 선을 추구하는 마음의 습관으로부터 형성된 것이다.

최근 한 시인은 사물의 아름다움을 발견하는 비법(?)을 대단히 압축적으로 노래하여 현대를 복잡하고 분주하게 살아가는 이들로부터 큰 공감을 얻었다. 시인은 사물의 본질을 보고 그 아름다움을 알기 위해서는 "자세히 보아야" 하고 "오래 보아야"<sup>나태주,「풀꽃」</sup> 한다는 너무나 평범한 진리를 다시금 상기시켜 주었다. 짧지만 긴 여운을 남기는 그 시를 읽어 보면 다음과 같다.

> 자세히 보아야 예쁘다.
> 오래 보아야 사랑스럽다.
> 너도 그렇다.

이 시가 우리에게 고요히 전하는 바는 삶의 속도를 늦출 것이며, 그래서 한 사물을 자세히 천천히 볼 수 있는 여유를 지니라는 것이다. 또한 사물을 우리의 틀로만 보지 말고 '사물이 존재하는 그 자체의 방식'으로 보는 태도와 능력을 길러야 한다는 것을 강조한다. 시가 밝혀 찾아낸 진실을 교육은 우리의 삶 속에 체화시키는 일을 한다.

시와 교육의 만남

　이즈음 시와 교육의 만남이 필연적일 수밖에 없음을 새삼 생각
하게 된다. 시와 교육의 유사한 본질을 생각할 때 양자는 서로 대
화하며 상호 호혜적 관계를 맺을 필요가 있다. 시가 교육을 만날
때 양자는 각자가 추구하는 바를 더욱 깊이 있게 이룰 수 있게 된
다. 교육은 우리가 습득한 지식을 통해 진실과 선함을 추구할 수
있도록 한다. 진실하고 선한 삶은 우리가 추구하는 아름다움의 삶
일 가능성이 크다. 이처럼 진선미를 지향하는 교육은 이 가치들을
내면에 품고 있는 시에 의해 가장 잘 지지되고 구체화될 수 있다.
시의 본질적인 기능인 '낯설게 하기'는 지식을 탐구하고 가르치는
교육활동의 중요한 발판이 된다. 낯설게 하기를 통해 그동안 당연
하게 받아들여지던 것에 질문을 제기하게 되고, 질문을 통해 지식
의 창의적인 비판과 생산이라는 진정한 교육이 이루어진다. 이와
함께 시는 교육이 본질에서 벗어나지 않도록 하는 데 필요한 특성
들을 제공한다. 우리는 시를 읽으면서 시들이 품고 있는 풍성한 감
수성, 역사에 대한 직관력, 상투성을 새로움으로 변환시키는 상상
력, 사물의 내면을 투시하는 예리한 눈 등을 기르게 된다. 이런 시
적 요소들이 교육을 형식주의에 빠지지 않게 하는 필수적인 특성
들을 만든다.

　그러니 시가 결여된 교육, 또는 교육이 부재한 시를 상상할 수
있겠는가? 하지만 현실은 시와 교육의 거리가 점차 멀어지는 추세

이다. 최근 들어 시들은 사람의 숨결이 느껴지는 현실 세계에서 벗어나 정의로운 아름다움 대신 순진한 혹은 관념적인 아름다움을 노래하곤 한다. 또한 교육은 인류가 오랫동안 염원하던 근원적인 가치들로부터 벗어나 지나치게 실용적이고 도구적안 성격을 강화하고 있다. 이런 현상은 시와 교육이 만날 수 있는 장이 점차 협소해지는 현실을 보여 준다. 그런 면에서 '시와 교육의 대화'를 주제로 삼은 이번 저술 작업은 다소 실험적이면서도 시대의 시류를 거슬러 보려는 과감한 시도라 할 수 있다. 부디 이런 작업이 작은 발판이 되어 실력 있는 전문가들에 의해 더욱 풍성하고 깊이 있는 시와 교육의 행복한 만남이 자주 이루어지기를 기대한다.

　나는 오늘도 참되고 선한 아름다움을 학생들과 함께 찾고 나누기 위해 교실로 향한다.

# 1부

# 교육이 왜 필요한가?

# 1.
## 의미 있는 존재가 되게 하는 교육
### 김춘수의 「꽃」과 만남과 대화의 교육학

### 교육에서 변하는 것과 변하지 않는 것

교육에 대한 통념이 바뀌고 있다. 교육은 얼굴과 얼굴을 마주한 상황에서 이루어지는 것이 효과적이라는 생각은 코로나19 현상을 겪으면서 거의 폐기되었다. 교육은 가정과 학교에서 대부분의 중요한 부분들이 이루어진다는 믿음도 최근의 '마을교육공동체' 열풍으로 대대적인 수정을 요구받고 있다. 교육이란 '지식의 가르침과 배움을 통한 성장'이란 오랜 믿음도 지식과 함께 그 활용 능력을 강조하는 '역량교육'의 등장으로 흔들리고 있다. 이처럼 교육을 이해하고 실천하는 방식은 시대의 변화에 따라 지속적으로 바뀌어왔다. 하지만 이러한 변화 속에서도 쉽게 바뀌지 않는 교육의 속성들이 있다.

그것들을 이해하기 위해서는 먼저 교육이란 단어의 의미를 살펴보되, 고대 서양과 동양에서 그 단어가 어떤 의미로 사용되었는지 알아볼 필요가 있다. 고대 서구 사회에서 교육을 어떻게 이해했는지를 알려면 영어 단어 education의 어원을 추적해 보고, 한자어 '教育'이 고대 중국에서 무엇을 의미했는지 살펴보면 된다. 먼저, 교육의 영어 단어 'education'은 라틴어 어원인 educare에서 유래하였다. 라틴어 educare는 '훈련하다train, 빚다mould'라는 의미를 지녔다. 교육의 또 다른 라틴어 어원인 educere는 '인도하다lead, 끌어내다draw out'의 의미를 지녔다. 이 두 어원에서 알 수 있는 것은 교육이란 아동의 외부 요인에 의해 아동을 만들어 가는mould 측면도 있고, 아동의 내부 요인에 의해 스스로 성장하도록 인도하는lead 측면도 있다는 사실이다. 달리 말하면, 교육은 한 면으로는 학습자의 외부에 존재하는 지식, 가치, 규범과 같은 요소들을 중시하여 이러한 것들을 먼저 아는 교사가 이를 가르쳐 학습자를 바람직한 모습으로 형성해 가는 것이다. 교육의 또 다른 면은 학습자 내부에 존재하는 잠재력과 가능성을 중시하여 내부로부터 능력이나 소질이 발아되어 나오도록 돕는 것이다. 그러므로 교수학습 과정에서 전자 입장에서는 주로 지식을 전달하는 일방적 의사소통이 이루어지기 쉽고, 후자 입장에서는 양자 간에 대화적 관계가 형성되어 쌍방적 의사소통이 일어날 가능성이 전자보다 크다고 할 수 있다.

서양에서 이렇게 이해한 교육의 양면적 속성은 동양에도 비슷하게 존재했다. 한자어 '교육敎育'은 『맹자』〈진심편盡心篇〉 '군자삼락君子三樂' 중 마지막에 나오는 '得天下英才而敎育之'에서 연유했다고 한다. 군자의 세 가지 즐거움 가운데 '천하의 영재를 얻어 그들을 교육하는 일'을 즐거움으로 꼽은 것이다. 여기서 '가르칠 교敎'는 아버지가 회초리를 들고 아이에게 세상의 이치를 가르치는 모습을 담고 있고, '기를 육育'은 어머니가 갓 태어난 아이에게 젖을 먹여 튼실하게 살을 찌우며 양육하는 모습을 나타낸다. 이처럼 고대 중국에서도 교육이라는 말에는 아동에게 세상의 이치를 엄격하게 가르치는 측면과 자애로운 마음으로 아이를 품어 자라게 하는 양면이 있었다.

이러한 교육의 양면적 속성이 우리나라 학교의 교실 풍경에서는 조금 변형된 채 드러난다. 'educare'의 교사 중심의 지식 전달식 교육과 '敎'의 세상 이치의 엄격한 가르침이 오랫동안 우리나라 학교교육의 주류를 이루어 왔다. 그러면서 때로는 자기주도 학습이란 명목으로 학생 혼자서 하는 자율학습이 강조되기도 했다. 그런데 이러한 관점의 교육 이해는 최근 들어 학생 인권을 배타적으로 중시하면서 '학생 중심 교육'이란 이름을 내세워 교사의 역할과 권리를 과도하게 제약하기도 한다. 그 결과 교사들은 학생 내부의 잠재력 개발을 이끌어 내거나 아동을 품어 양육하는 활동에 소극적으로 된다.

우리나라 학교의 이 같은 세 가지 풍경, 즉 교사 주도의 지식 전달 교육, 학생 개개인의 자율적인 학습을 중시하는 자기주도 학습, 위축된 교사의 소극적 교육활동 등이 주가 되는 교실에는 중요한 공통점이 있다. 그런 교실에는 학생과 교사 혹은 자아와 타자 사이에 진정한 '만남'과 '소통하기'의 자리가 없다는 점이다. 교육의 본질적 활동인 '만남'과 '대화'의 결핍은 우리나라 학교 풍경에서 변하지 않고 드러나는 모습이기도 하다.

## 소통 부재 교육의 위험

이처럼 소통이 결핍된 교실의 풍경은 역사적으로 세계 곳곳에서 심심찮게 발견되었다. 대표적으로 1960~1970년대 남미의 브라질에서는 교사 중심의 지식 전달 교육이 보편화되어 있었다. 이런 교육 방식의 문제는 지식이 학습자의 외부에 있는 누군가에 의해 일방적으로 규정되고 학습자에게 주입된다는 사실이다. 이런 교육을 받은 이들은 지식을 생산하고 정의하는 사람들의 관점을 그대로 수용하면서도 그 지식이 객관적이며 보편성을 띤다고 믿는다. 이런 상황이 지속되면 지식은 진리를 밝히는 역할을 하는 대신 지식 독점 집단의 이해를 대변하고, 그들의 권력을 유지하는 수단으로 전락하게 된다. 결국 지식을 가르치고 배우는 교육은 사회의 불평등과 불의한 현실을 개선하기보다 고착화시키는 데 기여하게 되는 것이다. 브라질의 교육학자 파울로 프레이리Paulo Freire, 1980는 이러한 현상을 염려하여 당시 남미에 만연하던 소통 부재의 '은행저축식 교육'을 비판하며 대화를 핵심으로 하는 '문제제기식 교육'을 대안으로 제시했다. 문제제기식 교육은 지식에서 소외된 학습자들을 지식의 생산 과정에 참여시키고, 공동 생산된 지식을 통해 자기와 세계를 이해하도록 하는 교육 방법이다. 문제제기식 교육은 학습자에게 세상에 관한 질문을 제기하게 하고, 그들 스스로 그 질문의 답을 찾아가면서 지식이 자신들의 삶과 긴밀한 관계가 있음을 배우게 하는 방법이다. 이 교육 방법은 아동의 내부나 외부의 한 면만을 강조하는 것이 아니라 양측의 만남과 소통을 강조하는 것이다.

학생과 교사 간 소통의 결핍이나 부재는 학교에서 발생하는 다양한 문제점들의 원인으로 작용할 가능성이 크다. 1960년대 브라질에서는 권력을 가진 교사 혹은 권력층이 학습자와의 소통 없이 일방적으로 지식을 학생과 민중에게 전달하는 것이 문제의 원인이었다. 그런데 오늘날 우리나라 학교현장에서 심각한 문제가 되는 것은 학생/학부모와 교사의 입장이 뒤바뀐 채 이런 일들이 일어나고 있다는 점이다. 즉, 학생은 강력한 법적인 보호 아래 학교생활을 하는 반면, 교사는 권리가 과도하게 제약되어 교육적 책무를 수행하기가 어렵고 스스로의 안전을 위협당하고 있다고 주장한다. 과거 권위주의 사회에서는 권력을 가진 교사에 의해 학생의 인권이 제대로 보호받지 못하다가 민주주의가 강화된 최근에는 권력이 오히려 학생과 학부모에게로 넘어가는 모양새를 보이기도 한다. 이러한 분석이 최근 우리나라 학교에서 종종 발생하는 갈등의 양상을 바르게 설명하는 것이라면 이는 심각한 문제가 아닐 수 없다.

학생인권과 교권이 대립적 관계에 있지 않음은 분명하다. 학생과 교사 모두를 포함하는 '인간의 권리人權'는 보호되어야 하며 이들 사이에 충돌이 있을 수 없음은 인권에 대해 조금만 생각해 봐도 알 수 있는 사실이다. 이에 대한 자세한 논의는 다음으로 미루고, 여기서는 이 글의 맥락에 맞게 학교 구성원 사이의 관계성 결여와 소통 결핍이 학교현장에 얼마나 큰 위기를 가져오는지를 말하고자 한다. 교사와 학생의 관계를 권력적 관계로 볼 때 교사가 더 큰 권력을 갖거나, 학생이나 학부모의 권력이 더 강하거나 할 때 모두 진정한 인간적 관계와 상호 소통이 일어나기는 어렵다. 참된 만남과 상호 소통이 부재한 상황에서는 학교에서 일어나는 사소한 일들이 심각한 갈등의 원인이 되고 사회의 교육적 이슈가 되기도 한다.

## 만남과 대화의 교육학

저자는 교육에서 만남 혹은 관계 맺기와 소통의 중요성을 강조하기 위해 '만남과 대화의 교육학'이란 용어를 사용한다. 이 말은 만남 혹은 관계 맺기와 대화가 교육의 주요 영역들—교육 목표, 교수 방법, 교육과정 등—에서 핵심적인 역할을 한다는 의미다. 여기서 관계란 학생과 교사가 인격적 주체로서 상호 호혜적 관계를 이루는 것이거나 양자가 전인적全人的으로 인격적personal 관계 속에서 만나는 것을 의미한다. 대화는 단순히 두 사람 사이에 말을 주고받는 것 이상이다. 대화는 자아와 타자 혹은 교사와 학습자가 각각 인격적 주체로서 관계를 맺을 수 있도록 매개하는 방법이자 과정이 된다. 두 주체의 만남은 그들이 속한 두 세계의 만남이다. 그러므로 대화는 그 두 세계의 만남을 통해 서로를 이해해 가는 과정이며, 나아가 이 이해를 토대로 새로운 세계를 창조해 가는 작업이기도 하다.Buber, 2000

우리는 대화를 통해 타자를 알고 그들과 특별한 관계로 들어간다. 그런 면에서 대화는 교육이 일어나는 통로가 되고 교육의 주요 내용이 된다. 결국 자아와 세계에 대한 앎을 기반으로 양자 간에 책임적 관계를 맺고 이를 잘 관리하는 것이 교육을 통해 얻고자 하는 목표라 한다면, 대화와 관계 맺기는 교육이 추구하는 목표와 별반 다르지 않다. 또한 교육의 목적이 타자와 더불어 살아가는 삶의 능력을 배양하며 그 시대에 필요한 지식을 창출하는 능력을 기르는 것이라면 이는 대화가 추구하는 바이기도 하다. 대화는 나와는 전혀 다른 타자를 이해하려는 시도이며, 이해되지 않는 타자를 있는 그대로 수용해 가는 과정이다. 나아가 대화는 사람을 주체적인 존재로서의 인간이 되게 한다. 그러므로 대화가 없는 교육은 더이상 교육이라 하기 어렵다.

지금까지 교육에서 만남과 대화의 의의에 대한 논의는 독일 철학자 마르틴 부버Martin Buber의 대화사상을 토대로 한 것이다. 교육에서 대화의 의미와 가치를 논의한 철학자는 부버 외에도 다수가 있다. 그중에서 교육학적으로 중요하게 거론되는 영국 철학자 오크숏Oakeshott의 견해를 소개한다.방진하·이성미, 2015; 조영태, 2019

오크숏은 교육이란 사람들을 대화의 기술과 파트너십으로 입문시키는 일이라고 보았다. 사람들은 대화를 통해 각자 지닌 특정한 세계관 혹은 양상에 매몰되지 않고 그것들을 넘나들면서 자신 그리고 타자와 소통할 수 있게 된다. 대화는 특정한 목표를 달성하기 위한 목적성을 분명히 갖기보다는 서로 생각이 다른 사람들 간의 교류와 즉각적인 대응으로 대화 자체에서 즐거움을 경험하게 한다. 대화가 이루어지는 광경을 시적으로 표현하면, '종種이 다른 생각들이 나래를 펴고 서로 상대방의 움직임에 맞추어 신선한 날갯짓을 불러일으키며 함께 어울리는' 모습이라 할 수 있다. 그러므로 오크숏에게서 가르침과 배움은 대화의 기술과 파트너십을 가진 사람들을 만나 그들과 대화적 관계 속으로 들어감으로써 발생한다. 그는 이런 대화적 관계를 경험한 학생들은 모험을 통해 자신만의 삶을 창조해 나가는 용기와 창조적 생명력을 갖추게 될 것이라 보았다.

교육에서 대화가 어떤 의미와 가치를 지니는지를 철학적 토대 위에서 살펴보았다. 인간의 존재론적 깨달음이 나와 너의 만남과 대화를 통해 이루어짐을 설명했고, 대화로 나아가는 것이 곧 교육이란 주장도 제시했다.

만남과 대화의 중요성을 한 편의 시를 읽으며 살펴보고자 한다. 이 시는 관계 혹은 대화와 교육의 관련성을 몇 개의 시구로 빼어나게 표현하고 있다. 널리 알려진 김춘수의 시 「꽃」 전문을 읽어보자.

내가 그의 이름을 불러 주기 전에는
그는 다만
하나의 몸짓에 지나지 않았다.

내가 그의 이름을 불러 주었을 때
그는 나에게로 와서
꽃이 되었다.

내가 그의 이름을 불러 준 것처럼
나의 이 빛깔과 향기에 알맞은
누가 나의 이름을 불러 다오.
그에게로 가서 나도
그의 꽃이 되고 싶다.

우리들은 모두
무엇이 되고 싶다.
너는 나에게 나는 너에게
잊혀지지 않는 하나의 눈짓이 되고 싶다.

이 시의 배경은 아주 단순하다. 시적 화자인 '나'는 '그'를 마주하며 생각에 잠겨 있다. 그는 꽃일 수도 있고 아닐 수도 있다. 이 시에 등장하는 꽃은 우리가 일상에서 보고 향기를 맡는 구체적인 대상이라기보다는 시인의 사유 속에 존재하는 관념적 대상에 가깝다. 시인은 시의 어디에서도 장미, 백합, 동백, 수국, 들국화와 같이 우리가 만날 수 있는 구체적인 꽃들을 제시하거나 묘사하지 않는다. 그러므로 시 속의 꽃은 꽃이면서 동시에 꽃이 아니다. 그것은 하나의 관념이요 상징이다. 달리 말하면, 꽃은 화자에게 "하나의 몸짓" 혹은 '그저 의미 없이 존재하는 대상'이거나 "잊혀지지 않는 하나의 눈짓" 혹은 '의미 있는 존재'를 대표하는 사물이기도 하다. 시적 화자인 나는 일상생활 가운데 무수한 그들을 대한다. 하지만 그들은 대개 나와 특별한 관계를 맺고 있지 않은 대상으로 존재할 따름이다. 그가 나에게, 내가 그에게 의미 있는 존재가 되기 위해서는 내가 그의 이름을 부르는 행위를 해야 한다. 나와 그가 서로에게 의미 있는 존재가 된다는 것은 달리 말하면 양자가 상호 간 의미 있는 관계를 형성하고 그 속으로 들어간다는 것을 뜻한다.

양자 간 의미 있는 관계는 독일의 철학자 마르틴 부버가 제시한 '나와 너(I & Thou)'의 관계와 유사하다. 부버는 '나'란 항상 어떤 관계 가운데 존재할 수밖에 없다고 말한다. 많은 경우 나는 다른 사람이나 사물들을 '나와 그것(I & It)'의 관계로 만난다고 한다. 이 관계는 인격적 주체인 내가 상대를 대상화 혹은 가능화하여 만드는 관계이다. 즉 그가 가지고 있는 일부의 기능이나 특징에 주목하여 그것을 이용할 것을 관계의 목적으로 삼는다는 것이다. 반면 나와 너의 관계는 인격적 주체인 내가 너를 또 다른 인격적 주체로 인정할 때 형성된다. 너의 부분적 특성이나 기능에 주목하는 대신 너의 전 존재를 받아들이는 것이다.

김춘수의 「꽃」은 서로가 의미 있는 존재임을 느끼게 되는 '나와 너'의 관계를 희구하는 인간의 근원적 갈망을 보여 준다. 성장 가운데 있는 학생들은 그 갈망이 더욱 두드러진다고 할 수 있다. 그런데 그 관계를 맺게 하는 주요 방법은 이름을 부르는 행위이다. 이름을 부른다는 것은 그의 존재를 인정하고 나와 함께하는 존재로 받아들이겠다는 의지의 표명이다. 그래서 이름을 부르는 행위는 단순하지 않다. 먼저 그의 빛깔과 향기에 알맞은 이름을 알아야 한다. 그것은 눈에 쉽게 띄는 외양적 특징이라기보다 관심을 지니고 자세히 응시해야만 볼 수 있는 존재의 본질에 가까운 것들이다. 나의 관점으로 규정한 '그'가 아닌 나와는 별도로 존재하는 '너'를 있는 그대로 인정하며 나의 또 다른 자아로 받아들이는 것이다.

여기에서 교육의 본질을 엿볼 수 있다. 교육은 이름을 부르는 행위에 가깝다. 이를 받아들인다면 교육은 교사인 내가 학생인 그에게 일방적으로 영향을 끼치는 일도 아니요, 그가 스스로 깨달아 의미 있는 존재로 거듭나도록 마냥 기다리기만 하는 일도 아니다. 그의 전 존재를 세심하게 관찰하여 그의 개성과 능력에 부합하는 이름을 부름으로써 그가 나와의 인격적 관계에 들어오게 하고, 그 속에서 자아와 타자를 이해하게 하는 것이다. 부버는 우리가 '나와 너'의 관계에 있을 때만 그 속에서 참다운 배움을 얻을 수 있다고 했다. 오크숏 역시 배움이란 대화의 기술과 파트너십을 갖춘 사람들과 관계 속에 있을 때 일어난다고 본 점에서 유사하다. 내가 타자의 이름을 신중하게 부르는 일과 그와 의미 있는 관계를 맺어 그 속에 들어가는 일들이 가르침과 배움의 중요한 과정임을 이 시는 짧으면서도 묵직하게 보여 준다.

# 2.
## 세계의 진실을 추구하는 교육
### 김광규의 「생각의 사이」와 학문의 분화와 융합

어렵지 않은 퀴즈 하나로 이 장의 문을 열어 보자. 아리스토텔레스, 레오나르도 다빈치, 그룬트비, 정약용. 이들의 공통점은 무엇인가? 이들은 세 가지 이상의 다양한 분야에서 특출한 업적을 남긴 멀티플레이어multi-player다.

기원전 4세기에 살았던 아리스토텔레스는 철학, 문학(시학), 수사학, 논리학, 정치학, 심지어 생물학과 물리학 같은 자연과학 분야에서까지 뛰어난 저술을 남겼다. 15~16세기 인물인 레오나르도 다빈치는 탁월한 화가, 조각가, 음악가, 건축가, 발명가, 해부학자였다. 18~19세기를 살았던 그룬트비는 덴마크와 전 세계 교육의 발전에 기여한 교육자일 뿐 아니라 목회자, 신학자, 시인, 음악가, 민속학자, 사회운동가였다. 비슷한 시대를 살았던 우리 조상인 정약용은 관직을 수행하는 가운데서도 철학, 시, 정치 등의 분야에서 비범한 글들을 남겼고, 의학과 물고기의 생태에 대해서도 선진적인 지식을 담은 책을 저술한 것으로 유명하다.

이들은 당대 인물들 가운데서도 뛰어난 인물임이 틀림없다. 그런데 당시에는 그들과 같은 멀티플레이어가 예외적인 존재는 아니었다. 그들은 많은 학문 분야에서 전문가가 되기 위해 한 분야 한 분야를 정복하는 식으로 공부해 가지는 않았을 것이다. 그보다는 평소 관심 있던 특정 분야를 탐구하다 보니 그것을 더욱 깊이 있게 이해하기 위해서 인근 분야의 지식이 필요했을 것이다. 이러한 과정을 따라서 가다 보면 다양한 분야의 지식을 습득하게 될 것이다. 즉 이전에는 인생에서 중요한 이슈 하나를 제대로 이해하고 대책을 마련하기 위해서는 폭넓은 지식이 필요했고, 일부 사람은 다양한 분야를 섭렵하는 역할을 했다. 다시 말하면, 학문의 분화가 엄격하게 이루어지기 전에는 삶의 진실을 종합적으로 이해하려면 다양한 방면의 지식이 필요했다. 그러므로 이들처럼 멀티플레이어가 되는 것은 어쩌면 당연한 일이었는지도 모른다.

## 학문과 일의 분화가 가져오는 위험성

학문이 오늘날처럼 엄격하게 분화된 현상은 학문의 역사에서 그다지 오래되지 않았다. 산업혁명 이후 소품종 대량생산을 주요 생산방식으로 삼은 산업자본주의의 등장과 함께 이 같은 일이 시작되었다. 산업자본주의에서는 효율성과 생산성을 기반으로 하는 대량생산 체제를 구축하기 위해 분업화를 강화했다. 분업화된 시스

템 속에서는 사람들이 자신의 영역에서만 숙련된 기술자이면 족했다. 자기 영역을 벗어나 다른 영역으로 가면 그것에 대해서는 잘 알지 못하는 현상이 자연스럽게 받아들여졌다. 그래서 자신이 수고하여 생산에 참여한 제품일지라도 완제품에 대해서는 자신도 잘 알지 못하는 결과를 낳게 되는 것이다.

이처럼 학문의 분야나 업무의 영역이 지나칠 정도로 세세하게 나뉘면서 한 분야의 전문가라는 사람조차 다른 분야에 대해서는 거의 알지 못하는 일들이 일상화된다. 이런 현상이 지속되면 한 사물이나 세계의 특정 부분만을 보는 사람들만 있어 전체를 모른 채 자기가 보는 것만이 전체인 듯 생각하는 오류에 빠지게 된다. 그리하여 한 영역의 지식과 업무가 다른 영역과 단절되고 교류도 없어져, 가령 우리가 심각한 이상기후 현상이나 일탈적 사회 현상의 전모를 온전히 알기는 무척 어려울 것이다.

더욱 위험한 것은 한 영역의 일이나 지식이 다른 영역의 것들과 분리되고 전체와의 관계성을 잃어버릴 때 각 영역의 일과 지식은 그들의 본질을 상실할 수 있다는 점이다. 이를 좀 더 구체적으로 말한다면, 교육은 학문의 한 분야이면서 인간 활동의 한 분야이기도 하다. 그런데 교육을 전문적으로 연구하는 교육(학)자들이 인접한 다른 분야인 정치(학), 경제(학), 심리(학)을 알지 못한다면 학생의 학습과정이나 교육정책에 대해 온전히 알 수 있겠는가? 나아가 교육학의 하위 영역인 교육행정이나 교육평가 영역의 전문가인 교육학자가 교육의 본질이라 할 수 있는 '만남과 대화를 통한 교육'

이나 '개인적·사회적 안녕well-being을 위한 교육' 같은 교육에 대한 본질적 이해를 간과한다면 그들은 교육 현상을 정확하게 파악하는 데 어려움을 겪을 것이다. 그들은 권력자들이 설정해 놓은 높은 성취기준을 달성하고 이윤 창출에 기여하는 숙련된 기술자에 불과하게 될 것이다. 즉, 누군가가 이미 만들어 놓은 교육 목표들을, 그 정당성 여부에 대한 검토 없이 달성하기 위한 수단에 불과한 존재가 되고 말 것이다.

지나치게 분화된 세계에서 삶의 여러 영역의 활동들이 그 각각의 본질을 외면할 때 어떤 위험이 발생할 것인지를 인도의 성인 마하트마 간디는 예견한 듯하다. 그는 이러한 위험성이 인류의 미래를 위협하는 사회적 질병과 같다고 보았다. 그는 인류를 위협하는 일곱 가지 악을 다음과 같이 제시했다. '원칙 없는 정치, 노동 없는 부, 양심 없는 향락, 인격 없는 지식, 도덕 없는 상업, 인간성 없는 과학, 희생 없는 종교.' 간디가 제시한 악들은 우리의 삶이 서로 단절된 채 고착화되고 삶의 각 영역에 갇혀 그들이 삶에 어떻게 기여하는지를 망각한 결과다.

이처럼 삶이 건조하고 무의미하여 비도덕적인 형태로 빠지게 되는 과정을 시인 김광규는 「생각의 사이」에서 통찰력 있게 보여준다.

시인은 오로지 시만을 생각하고
정치가는 오로지 정치만을 생각하고

경제인은 오로지 경제만을 생각하고
근로자는 오로지 노동만을 생각하고
법관은 오로지 법만을 생각하고
군인은 오로지 전쟁만을 생각하고
기사는 오로지 공장만을 생각하고
농민은 오로지 농사만을 생각하고
관리는 오로지 관청만을 생각하고
학자는 오로지 학문만을 생각한다면

이 세상이 낙원이 될 것 같지만 사실은

시와 정치의 사이
정치와 경제의 사이
경제와 노동의 사이
노동과 법의 사이
법과 전쟁의 사이
전쟁과 공장의 사이
공장과 농사의 사이
농사와 관청의 사이
관청과 학문의 사이를

생각하는 사람이 없으면 다만

휴지와

권력과

돈과

착취와

형무소와

폐허와

공해와

농약과

억압과

통계가


남을 뿐이다


　분류와 경계의 칸막이에 막혀 시인과 정치가와 농민이 각자 자신의 영역 일에만 관심을 가지고 다른 영역에 대해서는 무관심해진다면 그들은 각자 휴지와 권력과 농약만을 남길 뿐이라고 냉소한다. 동일한 맥락에서 법관과 관리와 학자가 역시 자신의 분야에서 벗어나지 않고 있다면 그들이 남길 것은 형무소와 억압과 통계뿐일 것이라 말한다. 그래서 시적 화자는 우리가 분류와 경계의 칸막이에 갇혀 삶과 세계를 부분적으로 보던 자리에서 벗어나 온전한 시각으로 삶과 세계를 종합적으로 볼 수 있어야 한다고 강조한다. 경계의 칸막이를 넘어서 세계의 진실을 온전히 보기 위해서는 인간 활동 영역의 사이를 생각하는 것임을 제안한다. 즉, 시와 정치의 사이, 농사와 관청의 사이, 관청과 학문의 사이를 생각할 때 비로소 각 영역의 좁은 세계에서 벗어나 인생에서 그 영역들이 차지하는 의미와 방향을 알 수 있을 것이다.

## 학문 융합과 미래교육

미래교육에 대한 대표적 문서인 《OECD 교육 2030 프로젝트》 보고서는 지식, 기술, 가치와 태도를 미래교육의 중요 내용인 역량을 구성하는 요인으로 들고 있다. 그리고 지식의 주요 하위범주로 학제 간 지식interdisciplinary knowledge을 학문적, 인식론적, 과정적 지식과 함께 제시한다. 학제 간 지식이란 어떤 대상을 탐구하면서 하나의 학문 영역의 지식으로는 알 수가 없을 때, 연계된 여러 학문 영역을 탐색하여 얻게 되는 지식이다. 다가올 미래뿐 아니라 현대 사회에서도 자연적, 사회적 현상들이 매우 복잡하게 얽혀 있어 이를 분석하고 해결하기 위해서는 학제 간 지식이 필요하다.

또한 미래교육과정 설계의 원리로 제시되는 것 가운데 전이성transferability과 상호관계성inter-relation이 있다. 전이성은 한 상황에서 배운 지식과 기술 등이 다른 상황의 그것으로 전이될 수 있는 특성을 말한다. 상호관계성은 한 토픽이나 개념이 다른 학문 영역의 토픽이나 개념으로 혹은 학교 밖 실제 삶에서의 그것으로 연결되는 특성을 의미한다. 점차 학제 간 지식이 중요해지고 교육과정에서 전이성과 상호관계성이 중요 원리가 되고 있다. 그것은 지금까지 학문이 전문성의 심화라는 명분으로 구축해 온 학문의 분화 현상이 한계에 다다랐기 때문이다. 그래서 최근 통섭이니 융합이니 하는 말이 유행하고 있다. 필자 역시 지식의 연계, 융합, 통합 등이 필요함을 주장하지만, 우선 지식의 연계와 융합이 요구되는 이유를 분명히 해야 한다. 그것은 삶과 세계의 진실을 알기 위해서다. 좁은 영역에 갇힌 협소한 관점으로는 사물의 진실을 밝힐 수 없다. 생각의 사이에 서서 양자 간 소통을 생각해야 한다. 이 소통이 이어져 삶과 세계의 전 영역을 연결할 때 진실은 제 모습을 서서히 드러낼 것이다.

정치가가 정치를 제대로 알고 실천하기 위해서는 정치를 넘어 경제와 노동과 법과 농업과 시를 이해해야 한다. 시인 역시 시를 제대로 알고 쓰기 위해서는 시에 대해서뿐 아니라 정치와 경제와 노동과 농업과 법을 이해해야 한다. 그러므로 시대가 요구하는 교육은 자기 세계에 갇혀 자기 분야만 알고서 세계를 아는 것처럼 착각하는 사람을 길러내는 것이 아니다. 그것은 자신이 선 자리에서 자기를 알기 위해 생각하고 탐색하여 점차 넓이가 넓어지고 깊이가 깊어지는 사람을 길러내는 교육이다.

# 2부

# 무엇을 가르칠 것인가?

# 3.
## 사과를 통해 깨닫는 연결된 우주론
### 함민복의 「사과를 먹으며」와 공동체 역량

　최근 몇 년 동안 이슈화되고 있는 단어 중에 '교육'이란 말이 덧붙어 새로운 합성어로 사용되는 예가 종종 있다. 미래교육, 역량교육, 마을교육, 교육공동체, 마을교육공동체 등이 대표적인 예다. 그 가운데 특히 역량교육이란 말이 유행어처럼 사용되면서 종종 듣게 되는 것이 '공동체 역량'이다. 공동체 역량은 아직 우리에게 친숙하지 않지만 미래교육을 논할 때 빠지지 않고 등장하는 중요한 말이 되었다.

　교육부에서 작성한 2015년, 2022년 개정 교육과정에는 미래교육을 위한 핵심역량 여섯 가지가 제시되어 있다. '자기관리 역량', '지식정보처리 역량', '창의적 사고 역량', '심미적 감성 역량', '상호/협력적 소통 역량', '공동체 역량'. 이 중에서 공동체 역량이란 단어는 미래적인 성격보다는 고답적인 색채가 강하다. 교육부는 공동체 역량을 "지역·국가·세계 공동체의 구성원으로서 요구되는 가치와 태도를 가지고 공동체의 발전에 적극적으로 참여하는 능력"으로 정의했다. 이 정의 역시 미래 사회에 요구되는 참신한 미래 역량을 제대로 설명했다고 보기 어렵다. 그럼에도 공동체 역량은 미래 사회를 위해 학생들이 길러야 하는 필수적인 능력이라고 한다. 공동체 역량이 강조되는 배경과, 이것이 왜 미래교육의 필수적인 요소인지를 생각해 보자.

먼저 공동체 역량의 기초가 되는 공동체와 교육의 관계를 살펴보자. 공동체는 교육과 다양한 형태로 관련이 있지만 다음 두 가지 측면이 특히 중요하다. 먼저 교육철학적 논의의 기본이 되는 존재론적 측면에서 생각할 수 있다. 공동체를 중요하게 생각하는 사람들은 인간이라는 존재가 본질적으로 관계로 이루어져 있고 다양한 관계 가운데 살아간다고 본다. 이를 간단히 표현하면 '관계적 존재론'이다. 여기서 말하는 관계적 존재로서의 인간Relational Being은 개별적 존재로서의 인간Individual Being과 대비된다. 인간을 개별적이고 독립적인 존재라고 보는 이들은 개체적 존재론의 전제 위에 서 있다. 그런데 이러한 존재론적 차이는 결과적으로 교육의 목표와 방향의 차이를 가져온다. 즉, 개체적 존재론의 관점에서는 교육의 목표가 인간 본래의 모습인 자율성을 가진 독립된 개체로서의 존재로 성장시키는 것이 된다. 반면 인간을 관계적 존재로 보는 관점에서는 교육의 목표가 인간이 다양한 타자와의 건강한 관계 가운데 살아가는 힘을 기르는 것이 된다. 교육에서 공동체 역량의 필연성이 여기서부터 시작하게 된다.

두 번째 측면에서 공동체가 교육에 관계하는 방식은 윤리적인 면에서다. 프랑스 철학자 레비나스Levinas는 인간의 존재 의의가 윤리학에 기반하고 있고, 인간들의 윤리는 타자와의 관계로부터 발생한다고 본다. 우리가 인간으로서의 의의를 깨닫게 되는 순간은 타인을 대면하게 되면서부터다. 타인을 만나게 되면 우리는 그들의 얼굴을 보게 되고, 그 나약한 얼굴은 우리를 향해 강한 윤리적 호소를 한다는 것이다. 그 호소를 외면하지 않고 책임감 있게 반응할 때 우리는 비로소 인간강영안, 1995; 윤대선, 2004으로서의 존엄성을 부여받게 된다. 그러므로 나와 함께 살아가는 타인에 대해 깊은 관심을 갖고 그들을 돌보고자 하는 태도는 우리가 살아가는 공동체를 지속가능하게 하는 공동체 역량과 깊은 관계가 있다.

이상에서 공동체 역량의 근본 배경을 논의했다. 또 공동체 역량은 미래 사회를 위해 필요하지만 본질적으로 인간의 근원적인 면에서도 매우 중요함을 제시했다. 이제 시 한 편을 감상하면서 공동체 역량을 새로운 방식으로 생각해 보고자 한다.

함민복의 「사과를 먹으며」는 사람을 포함한 우주 만물이 어떻게 다른 존재들과 연결되어 있는지를 보여 준다. 시인의 풍부한 상상력을 통해 우주의 다양한 요소들이 유기적으로 상호 연결되어 있음을 시적으로 표현하고 있다. 먼저 이 시의 전문을 읽어 보자.

사과를 먹는다
사과나무의 일부를 먹는다
사과꽃에 눈부시던 햇살을 먹는다

사과를 더 푸르게 하던 장맛비를 먹는다

사과를 흔들던 소슬바람을 먹는다

사과나무를 감싸던 눈송이를 먹는다

사과 위를 지나던 벌레의 기억을 먹는다

사과나무에서 울던 새소리를 먹는다

사과나무 잎새를 먹는다

사과를 가꾼 사람의 땀방울을 먹는다

사과를 연구한 식물학자의 지식을 먹는다

사과나무 집 딸이 바라보던 하늘을 먹는다

사과에 수액을 공급하던 사과나무 가지를 먹는다

사과나무의 세월, 사과나무 나이테를 먹는다

사과를 지탱해 온 사과나무 뿌리를 먹는다

사과의 씨앗을 먹는다

사과나무의 자양분 흙을 먹는다

사과나무의 흙을 붙잡고 있는 지구의 중력을 먹는다

사과나무가 존재할 수 있게 한 우주를 먹는다

  흙으로 빚어진 사과를 먹는다

  흙에서 멀리 도망쳐 보려다

  흙으로 돌아가고 마는

사과를 먹는다

사과가 나를 먹는다

시적 화자는 사과를 먹으며 사과가 사과나무에 열리기 전부터 익어서 자신이 먹기까지 그 전 과정에 관련된 다양한 요소들을 떠올리고 있다. 먼저 사과가 존재할 수 있게 한, 같은 몸을 이루는 사과나무 가지, 잎새, 뿌리 등을 생각한다. 이어서 사과가 익어 가는 데 직접 작용한 자연적 요인인 햇빛, 바람, 눈, 비 그리고 흙을 떠올린다. 여기에서 시인의 상상력은 미세하면서도 광활한 우주로 확대된다.

시인은 사과 한 알을 보며 사과나무에서 놀던 새들의 노랫소리와 벌레들의 기억들을 떠올린다. 결국 지구의 중력과 우리가 살아가는 이 우주를 생각한다. 사과 한 알 한 알이 개별적으로 존재하는 것처럼 보여도 시인의 상상 세계에서는 사과를 둘러싼 전체가 유기적으로 연결된 우주의 한 부분임을 깨닫고 있다. 우주를 이루는 각 요소가 서로 연결되고 의존함으로써 그들의 삶을 공유하며 생명의 공존을 지향하고 있다. 그러므로 시인이 사과를 먹는 일은 사과와 연결되어 있는 우주를 먹는 일이 된다. 나아가 시인은 사과를 먹으며 사과가 자신을 먹는다고 말한다. 이는 시인 자신과 시인이 먹고 있는 사과가 모두 서로 연결되어 구성하고 있는 우주의 부분임을 암시한다. 이 우주는 시인과 사과와 같은 무수한 사람과 사물들이 유기체적인 관계를 맺어 공동체를 이루고 있다. 공동체는 그 구성원 모두가 운명을 함께하는 집합체이다. 그래서 시인이 사과를 먹는 것은 사과라는 한 사물의 소멸이나 상실을 의미하기보다는 그 사과가 사람이라는 생명체 속으로 들어와 그 생명을 존속시키는 공동체적 행위라 할 수 있다. 그런 면에서 시인이 사과를 먹는 것과 사과가 시인을 먹는 것은 등가이다. 둘의 생명이 합하여 한 생명의 지속성을 이루어 가기 때문이다.

## 공동체 역량과 교육의 공정성

연결된 우주론과 유기체적 공동체론이 미래 사회를 위해 강조되는 공동체 역량과 밀접한 관련이 있음을 한 편의 시를 통해 살펴보았다.

미래 사회에 필요한 핵심역량으로 공동체 역량을 강조하는 이유는, 미래 사회에는 다른 사회와의 교류가 더 많이 요구되며, 개인적 삶의 영역이 지역, 국가, 세계로 빠르게 확장되는 추세와 관계가 깊다. 이러한 상황의 변화는 우리와 타자를 이해하고 그들과 관계를 맺어 가는 능력을 요구하게 된다. 즉, 변화의 추세에 맞추어 우리의 가치와 태도를 새롭게 변화시켜야 하고 이를 사회공동체의 발전에 기여하도록 해야 한다. 이것이 공동체 역량을 요구하는 이유이기도 하다. 하지만 공동체 역량을 강조하는 것이 자신이 속한 공동체에 필요한 소양과 능력을 갖추어 그 공동체의 배타적 발전에 전념하는 것을 의미하지는 않는다. 공동체 역량에는 이러한 부분도 있지만, 더욱 중요한 것은 시에서 보여 준 것처럼 사물과 우주를 보는 사람들의 관점과 이들 사이의 관계에 대한 이해의 변화이다. 즉,

공동체 역량을 갖추는 데 가장 중요한 기반이 되는 것은 인간의 존재는 다른 인간들과 밀접하게 연결되어 있고, 나아가 다양한 생명체들과도 분리될 수 없을 뿐 아니라 여러 사물과도 유기체적 관계를 이루고 있다는 사실을 인정하는 것이다.

이런 관점을 가진다면 개인은 개인들의 집합체인 우리라는 공동체 가운데 살아갈 수밖에 없음을 알게 되고, 나아가 나를 둘러싼 사회적 환경뿐 아니라 물리적 환경과 자연적 환경과도 긴밀한 상호작용 가운데 살아가야 함을 인정하게 된다. 이를 달리 말하면 우리는 우리를 포함한 삶의 생태계 속에서 살아가며 우리 각자는 생태계를 이루는 부분들이기에 생태계의 지속가능성은 우리의 운명과도 함께한다고 할 수 있다.

이와 같이 우리 모두가 긴밀하게 연결된 유기체적 공동체의 일부임을 학생들에게 분명하게 인식시키고, 공동체를 지속가능하게 하는 공동체 역량을 함양하게 하는 것이 중요하다. 공동체 역량의 교육은 우리가 다른 인간을 포함한 우주 만물과 긴밀하게 연결되어 있다는 인식에서 시작한다. 그런데 엄밀히 보아, 서로 연결되어 있다는 말은 상호 의존되어 있다는 것으로 볼 수 있을 것이다. 즉, 인간은 의존적 존재이며 다른 사람들과 사물의 도움에 의존하여 생존해 간다는 말이다. 이러한 말은 어릴 때부터 들어온 '자립적 인간' 또는 '독립적 인간'을 성숙한 인간으로 보는 관점과 어긋나서 우리를 불편하게 하기도 한다. 그러나 여성주의 철학자 키테이Kittay는 자립적 인간이나 독립적 인간을 기본 전제로 삼고 있는 자유주의 이념은 인간의 실제 모습이 아닌 허구적 존재를 가정할 따름이라고 비판한다.<sup>Kittay, 2016</sup>

　인간은 유아기나 노년기 같은 특정 시기에는 타인의 돌봄 없이는 살아가기가 어려운 의존적 존재이다. 그러므로 교육을 통해 공동체 역량을 기른다는 것을 더 구체적으로 말하면, 타인을 돌보고 타인으로부터 돌봄을 받는 법을 배우는 것이라 할 수 있다. 우리가 타자와 친밀한 관계를 맺어 공동체를 형성한다는 것은 목표와 가치와 같은 정신적인 측면에서 공통점을 갖는 차원을 넘어 일상생활에서 구성원 상호 간의 돌봄 관계가 이루어지는 것을 의미하기도 한다.

　여기서 돌봄care을 협소한 의미로 사용할 필요는 없다. 돌봄의 영어 단어 care는 '배려'로도 번역 가능하며 그 본질은 타자에 대한 수용성acceptance, 관계성, 반응response을 근간으로 하는 타자를 대하는 태도와 자세와 관계한다.<sup>Beck, 2002; Noddings, 1983</sup> 그러므로 돌봄 관계를 맺는다는 것은 우리가 자신들의 준거 체계에서 나와 타자의 그것으로 들어가는 것이 시발점이다. 즉, 타자를 있는 그대로 받아들이는 것이 돌봄의 시작이다. 타자의 수용이 일회적이어서는 돌봄이 이루어지지 않는다. 지속적인 수용은 인격적인 관계를 낳게 된다. 관계는 책임감을 갖는 것을 기본으로 한다. 즉 상대의 안녕well-being을 책임지는 일이 관계의 핵심이다. 그러한 관계는 상대의 필요에 적절하고 구체적인 반응responses을 보임으로써 지속된다. 이러한 의미로서의 돌봄을 주고받는 삶을 살아가는 능력이 공동체 역량이라 할 수 있다.

이러한 공동체 역량의 함양은 교육과 사회의 불공정성 문제를 해결하는 데 큰 도움을 줄 수 있다. 교육의 불공정성은 학업성취와 성과를 자기 개인의 능력과 노력의 결과로 여기며 보상을 독점하려는 태도로부터 연유한다.Sandel, 2020 하지만 공동체 역량을 가진 학생들은 자신이 이룬 학업성취의 원인을 자신의 능력에서만 찾기보다는 자기 주변의 많은 사람과 사물들의 도움 덕택으로 돌리고 보상을 타자와 나누고자 한다. 능력지상주의meritocracy가 당연하게 받아들여지는 오늘날 우리의 능력이 우리를 창조하신 그분과 이 세계를 구성하는 모든 타인과 사물들에 의존되어 있음을 자각하고, 이 모두가 공존하는 길을 찾는 데 그 역량을 사용하는 사람들을 기르는 것이 중요하다.

# 4.

## 고독과 외로움의 교육적 의미

정호승의 「수선화에게」와 인간의 존재론적 외로움

필자가 대학 다니던 시절에는 고시 공부를 하던 이들이 집중적인 공부를 위해 종종 산사山寺로 들어갔다. 1년 내지 2~3년이라는 짧지 않은 세월 동안 세상을 등지고 외로움을 견디며 시간과 치열한 싸움을 벌이곤 했다. 생활공간의 거의 전부인 산사의 좁은 외딴 방에는 자기 자신과 법전, 외로움만이 존재했다. 오늘날에는 시험공부를 하려는 이들이 산사 대신 노량진 고시촌으로 들어간다. 대학의 마지막 학기가 채 끝나기도 전에 청년들은 책을 싸 들고 좁은 고시촌에 자리를 잡는다. 교사나 공무원이 되기를 희망하며 꿈을 위해 외로움을 견디는 것이다.

미래를 위해 현재의 시간을 힘들지만 견디어 내는 그들의 뜻은 충분히 의미 있는 일이다. 그러나 가끔 법조인들의 어처구니없는 판결이나 전직 법조인들의 돌발적인 행보를 보면 그들의 역사의식 결핍과 사회적 맥락에 대한 이해 부족에 의아해질 때가 있다. 그들이 현실 세계에 대응하는 방식이 합리적으로 설명이 어려운 복잡한 인간의 마음이 빠진 채 딱딱한 법조문의 자구에 얽매인 기계적인 방식으로 이루어지는 것이 아닌가 하는 의구심이 든다. 또한 그들이 거대 로펌의 권력에 기대어 특권층의 이익을 대변하느라 사회적 약자를 보호하려는 헌법 정신을 외면하는 모습을 보일 때 그들이 이렇게 된 것이 산사에서의 고립된 생활과 관련 있지는 않을까 하는 근거 없는 의심을 하게 된다. 법조인으로서 필요한 지식과 인격이 형성되는 중요한 시기에 산속에 들어앉아 사람들의 삶의 소리를 듣지 못하고 딱딱하게 굳어진 법전의 소리만이 내면을 가득 채운 결과가 아니겠는가.

## 외로움에 대한 두 가지 태도

우리는 대부분의 시간을 타인과 함께 살아간다. 하지만 때때로 홀로 외롭게 시간을 보내야 할 때도 있다. 그 기간은 짧을 수도 있고 길 수도 있다. 그 기간은 자신이 선택하기도 하지만 때로는 외부 상황에 의해 선택되기도 한다. 그 외로움을 깊이 들여다보면, 홀로 있어 외롭기도 하지만 타인과 함께할 때도 외로움을 경험하기도 한다. 우리는 타인과 함께 살아갈 수밖에 없는 존재이면서도 타인과 함께 있음과 관계없이 외로움을 느끼는 존재다. 중요한 것은 외로움을 느끼는가, 언제 외로움을 짙게 경험하는가가 아니다. 외로움을 어떻게 이해하는가, 그래서 외로움에 어떻게 대처하는가가 더 중요하다. 외로움을 이해하는 방식에 따라 그것이 당사자에게 미치는 영향은 매우 달라지기 때문이다.

산사에서 고시 공부하는 청년을 다시 생각해 보자. 법조인으로서 갖추어야 하는 기초적 지식과 소양을 갖추어야 하는 시기에 사람들과 격리된 채 오랜 세월을 보내는 것이 큰 위험 요소가 될 수 있다. 하지만 더욱 위험한 요소는 산속에 홀로 살면서 느꼈을 외로움에 대한 태도에 있다.

사람들은 외로움을 경험할 때 대개 두 가지 반응을 보인다. 첫 번째 반응은 외로움을 결핍으로 보고 속히 지나가야 하는 것으로 생각하는 경향이다. 타인과의 사회적 관계가 원만하고 그들로부터 인정이나 존경을 받아 자신의 욕구가 충족될 때는 외로움이 없지만, 그 욕구가 충족되지 못할 때 외로움이 온다. 그러므로 외로움은 관계의 문제에서 오는 욕구 충족의 결핍의 결과인 셈이다. 결핍으로 발생한 문제는 신속히 해결하는 것이 바람직하므로 외로움에서는 속히 벗어나야 한다. 두 번째 반응은 외로움을 존재론의 본질로 보고 살아가면서 경험해야 하는 필수적인 것으로 간주하는 관점이다. 사람은 사회적 존재로 타인과의 관계성 가운데 자신의 정체성을 확인하기에 때로는 사회적 관계 가운데 형성된 자아와 진정한 자기가 분리되어 혼란을 겪기도 한다. 그럴 때 필요한 것이 홀로 있음이다. 홀로 있음의 짙은 외로움 속에서 자신에 대해 성찰하고 사색하게 된다. 이런 외로움은 자신을 자기화自己化하는 성장의 중요한 밑거름이 된다.

산사에서 공부하는 청년에게도 외로움은 이 두 가지와 유사한 방식으로 받아들여질 수 있다. 고시를 준비하는 어떤 청년은 홀로 지내는 그 외로움의 시간을 고시 합격이라는 유일한 목표를 위한 수단으로만 생각할 수 있다. 이런 관점에서 보면 외로움이란 고시 합격이라는 성과를 달성하지 못했을 경우 그 사람이 계속 짊어져야 하는 무거운 짐과 같은 것이다. 즉, 목표를 달성하면 외로움이 당장은 사라질 것이라고 본다. 그러므로 외로움의 시간이 길어진다는 것은 그만큼 실패가 오래 지속되는 것이기에 외로움이 패배자의 표징으로 여겨질 수도 있다. 인생의 중요한 시기에 경험한 외로움에 대한 이런 부정적 시각은 이후 법조인이 되어 판결할 때도 중요하게 영향을 미칠 수 있다. 이는 인간의 삶을 성공과 실패 혹은 충족과 결핍, 즐거움/만족감과 외로움 등과 같이 이분화하려는 오류와 관계있다. 젊은 날 산사에서의 외로움의 경험은 반복하거나 떠올리고 싶지 않은 기억이므로 자신이 판결해야 하는 사람들의 외로움의 경험을 좋게 보기가 어려울 것이다. 인간이 범죄를 저지르는 배후에는 사회적 소외 현상이나 개인적인 외로움이 작용했을 가능성이 크다. 그러나 외로움을 결핍의 결과물로 보거나 패배자의 표징으로 보는 법조인에게는 외로움이 긍정적으로 이해받지 못한 위험한 감정으로 여겨지게 된다.

## 인간의 존재론적 외로움

이와 다른 관점인 존재론적 본질로서의 외로움이란 무엇인지 살펴보자. 이를 이해하는 좋은 방법이 정호승의 「수선화에게」라는 시를 읽는 일이다. 시의 전문은 아래와 같다.

울지 마라
외로우니까 사람이다
살아간다는 것은 외로움을 견디는 일이다
공연히 오지 않는 전화를 기다리지 마라
눈이 오면 눈길을 걸어가고
비가 오면 빗길을 걸어가라
갈대숲에서 가슴 검은 도요새도 너를 보고 있다
가끔은 하느님도 외로워서 눈물을 흘리신다
새들이 나뭇가지에 앉아 있는 것도 외로움 때문이고
네가 물가에 앉아 있는 것도 외로움 때문이다
산 그림자도 외로워서 하루에 한 번씩 마을로 내려온다
종소리도 외로워서 울려 퍼진다

이 시의 시적 화자는 어느 물가에 피어 있는 수선화를 보며 외로움을 생각한다. 화자가 시에서 외로움을 사유하는 방식은 독특하다. 외로이 피어 있는 수선화가 모티프가 된 외로움의 경험과 사유는 먼저 사람의 외로움에 집중된다. 그런데 여기서 화자는 외로움을 하나의 경험이나 삶의 사소한 부분으로 보지 않고 사람됨의 본질로 보는 과격함을 보인다. 그래서 화자는 생을 산다는 것이 평생을 외로움과 함께하는 것이라 단정한다. 화자는 사람의 외로움에 이어 새와 같은 생물들의 외로움을 말하며, 나아가 산 그림자와 종소리 같은 사물들에게도 피할 수 없는 외로움이 있음을 노래한다.

외로움이 피조물 전반에 관계함을 노래한 시인은 피조세계를 넘어 우주의 창조주 되신 하느님도 외로움을 겪는다는 사실을 한 문장으로 압축하여 표현한다. "가끔은 하느님도 외로워서 눈물을 흘리신다." 누가 이 말에 신학적 논쟁을 제기할 수 있겠는가? 어떤 시적 표현이 인간의 근원적 외로움을 이보다 강렬하게 표현할 수 있겠는가? 요약하자면, 외로움은 신, 인간, 생물, 사물 등 모든 존재가 피할 수 없이 직면하는 것이요, 숙명인 것이다. 시인의 표현을 빌리자면, 사람이 사람일 수 있는 것이 외로움을 겪기 때문이듯 나뭇가지에 앉은 새가 새일 수 있는 것도 외로움 때문이고, 물가에 핀 수선화가 수선화일 수 있는 것도 외로움 때문이다. 우주의 모든 존재에게 외로움은 근원적 존재 방식의 하나로 경험된다.

외로움이 결핍의 결과물이나 패배자의 표징이 아니라 인간의 존재론적 본질이라 한다면 외로움의 의미가 어떻게 달라지겠는가? 산사에서 공부한 고시생들의 외로움에 대한 관점이 이렇다면 그들의 판결이나 행보에 어떤 변화가 나타났겠는가? 외로움이나 고독이 어떤 교육적 의미를 갖는 것일까? 고독과 외로움은 그 의미가 서로 다르지만 '홀로 있음'이라는 상황에서 발생한다는 공통점이 있다. 홀로 있을 때 침묵 속으로 들어가면 외부 세상에서 들리던 소음도 멈추고, 나아가 자신의 내부에서 들려오던 소리도 잠잠해지게 된다. 그러므로 고독과 외로움은 침묵 속에서 세계와 우리 자신의 모습을 있는 그대로 보게 한다.Palmer, 2006 즉, 홀로 있음의 상태를 선용하여 세계에 대해 설명하고자 하는 나의 욕구의 소리와 자기 내부로부터 들리는 욕망의 소리가 잠잠해지기를 기다려야 한다. 내 존재의 안과 밖에서 들려오는 모든 소리가 멈춘다는 것은 지독한 외로움을 가져다준다. 그 외로움을 거쳐 지나올 때 비로소 세계의 사물들에 대한 나의 소리가 아닌 사물들이 발하는 소리를 들을 수 있을 것이다. 내 속에서 들려오던 욕망의 소리가 그칠 때 내 속에 억눌려 있던 자기Self가 모습을 드러낼 것이다. 그러므로 외로움의 시간은 잘 대응하면 세계와 자신의 참된 모습을 발견하는 깨달음의 순간이 될 수 있다.

산사나 고시촌의 청년들이 외로움을 이와 같이 이해하고 활용했다면 고시 합격 후 그들의 판결이나 행보가 분명 달라졌을 것이다. 피의자를 바르게 판결하기 위해서는 그에 대해 사회에서 들려오는 온갖 소리와 그로 인한 자신의 감정의 편향과 범죄 사실에 관련된 법 조항의 기계적 적용에의 욕구 등을 넘어서야 한다. 그리고 나서 피의자가 내뱉는 말소리를 넘어 피의자의 내면 깊은 곳에서 들려오는 그 존재의 소리에 귀를 기울여야 한다. 그 소리는 존엄성과 취약성이라는 모순에 사로잡힌 인간의 절규와 관계할지도 모른다. 또한 법조문이 성급히 소리 지르는 문자적 의미를 들어야 하지만 이를 넘어서 그 법이 제정되는 과정에서 쏟아진 상처 입은 자들의 눈물의 호소를 들어야 한다. 즉, 법조문의 문자적 의미는 법의 원래 의도와 정신이 지켜지는 범위에서 판결에 적용되어야 한다. 이처럼 외로움은 우리가 듣게 되는 온갖 종류의 소리 가운데 무엇이 진실이며 무엇이 지나가는 허언虛言인지를 구별할 수 있게 해 준다.

## 외로움과 공동체

마지막으로 인간의 존재론적 외로움과 공동체성의 관계를 생각해 보자. 이 글에서는 홀로 있음에서 유발된 외로움을 인간의 존재론적 본질이라 한 데 비해 앞에서는 유기적인 공동체적 관계가 인간의 존재론적 본질이라 했다. 이러한 말들은 인간이 본질적으로 공동체적 존재 혹은 관계론적 존재인지, 아니면 개체적 혹은 개별적 존재인지 헷갈리게 한다. 상호 모순되게 보이는 이 두 관점을 어떻게 이해하고 조화시킬 것인가? 미국의 사회교육운동가이자 작가인 파커 파머는 이러한 인간의 특성을 '역설의 공동체'라는 개념으로 설명한다. 즉, 인간은 홀로 있으면 외로워 공동체를 갈망하여 공동체의 일원이 되지만 공동체 속의 개인은 곧 자기만의 공간과 시간이 필요하며 공동체 생활을 힘들어한다는 것이다. 다시 말해 인간은 공동체적 속성과 개체적 속성을 함께 갖는다는 것이다. 파머는 이러한 모순된 현상을 이상하게 볼 것이 아니라 자연스럽게 봐야 하며 이러한 인간의 속성을 충분히 고려할 때 공동체는 지속가능할 수 있다고 한다. 이를 위해서 공동체는 항상 구성원들의 모순된 실상과 상황을 보면서 개별성Individuality과 공통성Commonness 혹은 자율성과 상호의존성의 균형과 조화를 찾아가는 역설적 공동체가 되어야 한다는 것이다.강영택, 2017

관계적 존재로서의 인간론과 개체적 존재로서의 인간론의 모순된 현상을 기독교 전통에서 설명하는 방식은 하나님의 형상으로서의 인간론과 죄의 영향으로 설명한다. 인간은 삼위일체Trinity라는 완벽한 공동체로 존재하는 창조주의 속성을 물려받아-하나님 형상으로서의 인간- 공동체적 존재를 지향한다는 것이다. 그래서 인간은 타인과의 관계뿐 아니라 자연과의 관계 및 창조주와의 관계에서도 친밀하고 조화로운 관계를 꿈꾸는 것이다. 이를 기독교적 용어를 빌리면 '샬롬'이라 한다. 그러나 인간 창조 후 인간세계에 들어온 죄는 그 원래의 온전한 관계, 즉 샬롬을 파괴시키게 된다. 그래서 인간들은 현실 세계에서 온전히 이루어지지 않는 이상적 공동체를 꿈속에서만 열망하며 살아간다. 온전한 관계에 대한 열망이 강할수록 이루어지지 않는 이상에 대한 그리움이 짙어지고 이는 외로움으로 우리에게 다가오게 된다. 그러므로 공동체적 존재로 창조 받은 인간이지만 현실 세계에서 어쩔 수 없이 경험하게 되는 고독과 외로움의 감정을 자신의 일부로 수용하고 긍정적으로 대처하는 법을 배워야 한다. 우리가 이러한 수용적 태도를 가질 때 외로움으로 아파하는 타자들을 동류 인간으로 보고 가슴에 품을 수 있을 것이다. 이런 과정을 거쳐 우리는 조금 더 나은 공동체적 존재로 성장할 것이다.

생에서 숙명처럼 주어지는 '홀로 있음'의 외로움을 우리 모두의 보편적 현상으로 받아들이고 이를 우리의 전 존재로 맞이할 때 우리는 진정한 우리 자신이 되어 갈 것이다. "외로우니깐 사람이다"라며 외로움을 삶의 본질로 받아들여야 비로소 '함께함'의 온전한 공동체에 한 걸음 가까이 나아가게 될 것이다.

# 3부

# 어떻게 가르칠 것인가?

# 5.
## 확신과 겸손 사이의 교육
### 정학진의 「나침반」과 떨림의 교육학

## 자기확신 권하는 사회

현대는 자기 홍보를 제대로 하기만 해도 그것으로 먹고살 수 있는 시대다. 그래서 많은 현대인이 자신을 효과적으로 드러낼 수 있는 SNS 계정을 갖고 있다. SNS를 통해 자신(의 지식, 기술, 생활, 취미 등)을 흥미롭게 표현하여 많은 이들이 그것을 좋아하게 된다면 그는 유명 연예인 못지않은 인기를 누리게 된다. 그러면 그 유명세는 자연스럽게 큰돈을 안겨 줄 뿐 아니라 전문가로서의 명예까지 선사한다.

유명인이 된 이들의 공통점이 있다. 자기확신 혹은 자기 세계에 대한 신념과 확신이 강하다는 사실이다. 자신도 확신하지 못하는 것을 어떻게 타인들이 믿게 하겠는가? 자기확신이 강할수록 대중은 그들의 말을 신뢰하는 경향이 있다. 자기확신 혹은 확고함은 일상적인 삶을 보여 주는 SNS에서뿐 아니라 정치계, 경제계, 언론계

등의 전문적인 오피니언 리더들에게도 필수적인 요소처럼 보인다. 다양함과 포용성이 중시되는 문화계, 종교계, 교육계에서조차도 자기확신이 결여된 이들은 대중의 신뢰를 얻는 지도자가 되기 어렵다. 확신 또는 확고함은 어떤 분야에 충분한 지식이나 경험이 있다는 사실을 증명하는 것처럼 보인다.

좀 더 깊이 생각해 보면, 자기확신이나 신념이 강한 사람들이 가득한 사회만큼 무섭고 위험한 사회가 또 있을까 하는 의문이 생긴다. 다수의 자기확신은 자연스럽게 의견의 충돌을 가져오고 그 충돌은 조정이 쉽지 않아 분쟁으로 이어질 가능성이 크다. 갈등 조정에는 확고함 대신 유연한 자세나 겸손이 요구되기 때문이다. 그래서 우리가 배움을 통해 얻어야 하는 깨달음은 바른 지식에 기반한 분명한 이해와 확신과 더불어 자신이 틀릴 수 있다는 유연성이나 겸손의 태도여야 한다. 유연성은 자신의 지식이 절대적으로 옳다는 독단에서 벗어나 다양한 관점 가운데 하나의 관점으로 이해하고 있을 따름이라는 사유로부터 생겨난다. 겸손은 자신이 알고 있는 것이 지식의 극히 작은 편린에 불과하다는 인식에서 나오는 것이다. 최근 많은 분야에서 이루어지고 있는 전문지식의 축적이 우리 사회에서 갈등과 분쟁을 일으키는 요인이 되는 대신 다양성과 포용적 사회로 성장하는 기반이 되게 하려면 두 가지 사항에 주목해야 한다.

첫째, 배움을 통해 얻게 되는 것 가운데 가장 중요한 것은 우리가 무엇을 모르는가를 아는 깨달음이다. 우리가 무엇을 아는지와 무엇을 모르는지는 배움을 통하지 않고는 알 수 없다. 자신이 모르는 부분이 무엇인지를 모르는 이들이 지나친 자기확신에 사로잡히기 쉽다. 자신이 알지 못하는 부분이 여전히 너무 많다는 사실을 모르고 마치 모든 것을 아는 것처럼 착각하기 때문이다. 그러므로 사고의 유연성과 지식에 대한 겸손을 갖기 위해서는 우리가 아는 지식이 삶과 세계의 극히 일부분뿐이라는 사실을 깨닫는 것이 중요하다.

둘째, 삶과 세계는 논리적으로 설명되지 않는 역설paradox과 신비mystery가 많다는 사실을 인정해야 한다는 점이다. 전통적으로 서구 사회는 동양과 달리 우주의 모든 현상을 원인과 결과로 설명할 수 있다고 믿고 그것을 시도해 왔다.Nisbett, 2004 그 결과 과학과 학문의 발달을 가져오긴 했지만 그것이 지나쳐 삶과 세계를 있는 그대로 보지 못하고 자신의 방식대로 이해하고 설명하고 통제하려 했다. 이러한 태도는 결국 끊임없는 전쟁과 기후의 이상 현상을 일으켜 전 지구적 위기를 가져오고 있다. 그러므로 이 세계에는 우리가 다 알지 못하는 신비로움이 여전히 많음을 인정하고 경외감과 경이로움을 갖는 자세가 필요하다. 이럴 때 우리의 사고와 태도는 겸손해지고 유연하게 될 것이다.

지나친 자기확신이나 확고한 신념을 갖는 것의 위험성과 이와 대비하여 겸손과 유연성의 필요성을 언급했다. 그리고 지식에 대한 겸손과 유연함을 갖게 되는 근거들을 논의했다. 그런데 이러한 문제들에 대해서는 논리적으로 이해할 수 있게 체계적으로 설명하는 방법도 있고, 그보다는 감성적인 수용을 의도해 설명할 수도 있다.

후자의 방법을 사용하여 정학진의 「나침반」을 읽으며 지식의 확신과 겸손, 혹은 신념과 회의의 문제를 가슴으로 느껴 보자. 이 시는 자기확신과 확고한 신념이 중요하게 취급받는 현시대에 떨림과 여림과 같은 유약해 보이는 특성들의 가치와 중요성을 압축적으로 형상화하고 있다. 먼저 시 전문을 읽어 보자.

움직일 때마다
떨고 있다.
바늘 끝이 미세하고 떨고 있는 한
나침반이 가리키는 방향을 믿어도 좋다.
떨고 있는 사람은 진실하다.
떨고 있는 사람의 말은 믿어도 된다.
두려움으로,
경외함으로,
떨고 있는 목사의 말은
떨고 있는 정치가의 말은
믿을 만하다.
두려움을 잃어버리고
번지르르하게 말하는 순간부터
죽은 것이다.

바늘 끝이 떨림을 그치고 고정되는 한
나침반은 죽은 것이다.

내가 목마르다
한평생 목마름 속에 사신
스승을 따라가는 사람들도
목마를 일이다.
그 허기짐을 면하는 날
그 갈급함이 사라지는 날
죽은 것이다.

　시인은 나침반 바늘의 미세한 '떨림'을 자기장의 원리에 따른 과
학적 현상으로 보는 대신 인간적 두려움과 연약함으로 인해 나타
나는 심리적 현상인 '떨고 있음'으로 치환하여 생각한다. 이렇게 볼
때 떨고 있음은 당연히 사회적으로 환영받거나 격려받을 수 없는
태도이다. 대신 용감함과 강인함을 지닌 이들이 나타내는 확신이
나 확고함 그리고 신념 등이 사회적으로 칭송받는 것이 자연스럽
다. 그러나 시인은 떨고 있음을 진실됨과 신뢰의 근거로 본다. 떨림
은 무언가에 대한 두려움과 경외심의 표현이기 때문이다. 정치인이
두려워해야 할 대상은 국민이며, 목사는 하나님을 두려워해야 한
다. 그러므로 떨림이 없는 정치인, 목사, 그리고 모든 인간은 진실
된 정치인, 목사, 인간이 되기 어렵다고 할 수 있다.

시인은 여기서 한 걸음 더 나아가 떨림을 예수그리스도의 목마름, 허기짐, 갈급함과 연결시킨다. 이는 떨림이 육체적인 고통의 표출인 동시에 영적인 측면을 내포하고 있음을 나타낸다. 즉, 예수의 목마름, 허기짐, 갈급함은 육체적인 경험이기도 하지만 진리 혹 절대자를 향한 영적 갈망의 표현이기도 하다. 그러므로 시인은 영적 갈급함의 표현인 떨림이 있는 동안은 그 생명이 살아 있다고 한다. 반면 떨림이 멈추고 한 곳에 고정되는 순간 그것은 죽은 것이라 하였다. 자기확신과 분명함과 일관됨이 칭송받는 이 시대에 이 시는 오히려 한 곳에 확고한 자리를 잡지 못하고 흔들리고 있는 나침반 바늘의 모습을 통해 두려움, 연약함, 여림 등의 진실됨과 중요함을 제시한다.

## 떨림의 교육학 시론

이제 '떨림'의 다양한 의미가 교육학적으로 어떤 가치와 의의가 있는지 생각해 보자. 이를 기반으로 떨림이 어떤 점에서 교육학이라는 학문의 핵심적인 토대로 작용할 수 있는지를 살펴보고, '떨림의 교육학'이라는 매우 생소하면서도 시대에 뒤처지는 듯한(?) 새로운 교육학의 가능성을 제시해 보고자 한다. 사실 떨림의 교육학이라는 용어 자체가 모순적인 표현일 수 있다. 교육의 고전적인 목적이 무지, 불확실성, 불안 혹은 떨림으로부터 벗어나서 이해, 확실성, 확신 혹은 용기 등을 갖게 하는 것이라면 떨림의 교육학이라는 것의 모순성을 말할 수도 있다. 즉, 배움을 통해 지식을 습득하는 일은 그 분야에 대한 이해력을 증대시켜 그에 대한 자기 생각을 확신하게 하는 것이 사실이다.

거대 담론이나 보편적 진리에 대한 논의가 사라져 가고, 그런 자리에서라도 강한 주장들이 자취를 감추어 버린 포스트모던 시대를 살아가는 우리는 불확실성의 혼돈 가운데 뭔가 분명하고 확실한 것을 원하게 된다. 더구나 사상 초유의 팬데믹 현상을 경험하면서 예측 불허의 혼돈에 대한 두려움이 더욱 증폭되어 분명한 것에 대한 열망이 더 강화되기도 한다. 이런 상황에서는 앞에서 말한 바와 같이 과도한 자기확신이나 폐쇄적 확고함을 불러와서 사회에 불필요한 갈등과 분란을 야기하기도 한다. 나는 「나침반」의 떨림이 이러한 분란과 갈등을 야기하는 자기확신과 확고함의 반대편에 존재하는 삶의 태도를 대변한다고 본다.

떨림의 교육학은 서구의 사상보다는 동양사상에 그 뿌리가 맞닿아 있고, 동양사상 중에서도 유가보다는 장자로부터 많은 영감을 받은 것으로 보인다. 장자가 가장 중요하게 보는 삶의 태도는 무위無爲이다. 이 말은 유위有爲 혹은 작위作爲와 반대의 의미를 지닌다. 무위는 흔히 생각하듯 아무 일도 하지 않고 그저 마음의 평안을 구하는 소극적인 삶의 자세가 아니다. 무위는 뭔가를 인위적으로 만들어 내거나 조작하고자 하는 태도인 '유의'와 대립하고, 더구나 타자로 하여금 뭔가를 의도적으로 하도록 통제하고자 하는 '작위'를 거부하는 태도이다. 그러므로 무위는 자아와 타자 사이에 개입될 수밖에 없는 권력이나 폭력의 문제를 비판적으로 성찰하고자 하는 삶의 방식이라 할 수 있다.방진하·이성미, 2015 그런데 장자는 사람들이 종종 유의나 작위의 태도를 갖는 것은 지식의 습득과 이를 이해하는 방식에서 비롯한다고 본다. 즉, 자신이 습득한 지식을 과도하게 신뢰하게 되면 자기 스스로도 그것에 구속될 뿐 아니라 그 신념체계를 타인에게도 강요하는 결과를 낳게 된다는 것이다. 그러므로 지식을 대할 때 그것이 개개인을 완성시키는 동시에 우리 사회가 추구해야 하는 유일한 목표인 양 단정하거나 확신하는 태도는 위험하다.

'떨림'의 교육학적 의미와 의의를 살펴보면서 이들이 주는 교육적 시사점을 찾아보고, 이를 바탕으로 '떨림의 교육학'의 가능성을 살펴보자.

첫째, 떨림은 연약함과 부서지기 쉬운 취약성의 특징을 보이는 표징이다. 연약함과 취약성은 교육을 통해 극복해야 할 대상으로 간주되어 왔다. 하지만 인간에 대한 깊은 성찰은 연약함, 취약성, 의존성 등이 교육을 통해 깨달아야 할 우리의 진실된 모습이라는 사실을 알게 한다. 많은 페미니스트 철학자들도 인간의 근본적인 모습으로 의존성과 취약성을 들고 있다.Kittay, 2016 배움을 통해 자신의 연약함과 취약성 그리고 이로 인한 의존성을 아는 자들만이 타인의 연약함과 취약성을 이해하고 공감할 수 있을 것이다. 즉 연약함과 취약성을 상징한다고 할 수 있는 떨림은 완벽함과 강함을 주류적 가치로 삼는 현세대에 별 주목을 받지 못할 수도 있겠지만 그래서 오히려 우리 시대에 꼭 필요한 대안적 교육학의 요소다.

둘째, 떨림은 자신이 지향하는 이상과 목표를 향한 끊임없는 추구의 표징이다. 떨림은 한 자리에 정착하는 것에 만족하지 않고 끝없는 움직임과 변화를 추구하는 태도를 나타낸다. 교육이 지향하는 바 역시 모든 사람이 도달해야 하는 목표지점에 이르도록 하는 것이 아닐 것이다. 교육은 각 사람이 자신의 내면을 살피고 잠재력을 최대한 개발하여 참된 자기가 되어 가도록 도와주는 역할을 하는 것이어야 한다.Jung & Hall, 2020 참된 자기가 되어 가는 길은 중단 없이 평생 지속되어야 하는 작업이기에 떨림의 태도와 상통한다. 참된 자기를 발견하고 자기로 살아가려는 노력이 중요하다는 주장은 외적 성과를 잘 만드는 유능한 기능인이 우대받는 현세대에는 역시 주류적 가치가 아닌 대안적 교육학을 구성하는 요소가 될 것이다.

셋째, 떨림은 경외감 혹은 두려움 가운데 행하는 끊임없는 자기반성의 표징이다. 자기반성 혹은 성찰이 교육의 핵심임은 누구나 인정하는 바이다. 그럼에도 실제로 성찰이 잘 이루어지지 못함은 생활의 분주함 때문이요, 과도한 자기확신 때문이다. 그러므로 배움을 통해 습득한 지식이 참다운 자기가 되어 가는 과정에서 긍정적으로 작용하기 위해서는 두려움 가운데 자기반성을 하는 떨림의 자세를 견지해야 한다. 즉, 떨림이 자기반성 혹은 성찰로 이어지기 위해서는 자신과 자신의 지식을 상대화하여 반성하게 하는 초월적 존재 혹은 절대적 존재에 대한 의식이 분명해야 한다. 이러한 태도 역시 눈에 보이는 것에 집중하는 현대 문화에 비추어 볼 때 대안적 교육학의 중요 요소가 되어야 한다.

넷째, 떨림은 보다 근원적인 진리를 향한 갈급함의 표징이다. 교육은 근본적으로 진선미眞善美를 추구한다. 그런데 오늘날 교육이 그러한 근원적 가치들과 동떨어지게 되는 것은 교육이 지나치게 도구적 가치 곧 효용성을 추구하고 그 결과에 쉽게 안주하기 때문이다. 오늘날 교육은 대세가 되어 버린 세속적 성공과 물질적 풍요를 추구하는 교육으로부터 진리와 선함과 아름다움을 추구하는 인간을 형성하는 교육으로 전환되어야 할 시점에 있다. 교육이 당장의 물질적 풍요를 추구하다 진선미와 같은 인간의 근원적 가치를 도외시한다면 거대한 역사의 지속적 변천에서 우리의 위치를 잃어버리고 배회하게 될 것이다. 그러므로 진리를 향한 갈급함을 상징하는 떨림은 새로운 교육학의 지향점이 무엇이어야 하는지를 분명히 보여 줄 것이다.

# 6.
## 사랑으로 충일한 노동으로서의 교육
### 지브란의 「예언자」와 사랑의 교육 노동론

노동을 어떻게 이해하느냐의 문제는 삶을 어떻게 규정하느냐의 문제로 연결된다. 이는 교육이라는 활동 자체를 어떻게 이해할 것인가의 문제와 교육을 통해 이루고자 하는 것이 무엇인가 하는 것과도 관계한다. 이처럼 노동을 어떻게 이해하느냐는 삶의 본질을 구성하는 기반이 된다. 노동을 이해하는 몇 가지 접근 방식을 살펴보고 이들이 삶에서 어떤 의미를 지니는지 생각해 보자. 그러고 나서 노동에 대한 이해가 교육과 어떤 밀접한 관계가 있는지 고찰해 보자.

## 세 가지 노동관

노동의 의미를 이해하기 위해 우리에게 큰 영향을 끼친 역사적으로 중요한 노동관들을 살펴보자. 그들 가운데 고대 그리스 아리스토텔레스의 노동관, 조선시대 유교적 노동관, 현대 자본주의적 노동관 등이 있다. 아리스토텔레스는 노동과 활동을 여가leisure or rest와 대비시킨다. 여가는 노동에서 벗어나 사물에 대한 관조와 성찰의 세계에 들어가는 것을 추구한다. 아리스토텔레스는 관조가 사물의 본질과 신적 존재를 깨닫는 최고 수준의 인식 방법이라 하였다. 반면 노동은 사회적 역할을 수행하기 위해 해야만 하는 피할 수 없는 고통스러운 활동으로 간주하였다. 그러므로 당시 그리스인들에게는 노동의 목적이 여가를 얻기 위한 것이라 할 만큼 노동보다는 여가를 중시하였다.

조선시대 우리 민족의 노동에 대한 생각에 큰 영향을 끼친 것은 유교 사상이다. 유학에서 노동은 생명을 보존하기 위한 활동이며, 인격을 실현하기 위한 능동적 활동이고, 정의에 합당한 활동이었다. 이러한 노동관은 대개 위정자들의 노동과 관계되었다. 유학은 노동을 정신노동과 육체노동으로 구분하고 정신노동을 가치 있는 것으로 간주하여 군자의 일로 보았고, 일반 백성들의 주된 노동이었던 육체노동은 소인배의 활동이라 폄하하는 경향이 있었다.

이러한 두 관점과 확연히 다른 것이 자본주의적 노동관이다. 자본주의 관점에서 노동은 생산을 위한 필수적인 수단이므로 매우 중요한 인간 활동으로 간주된다. 그리고 노동의 가치를 실용적인 측면에서 찾아 경제적 가치에 의해 평가하는 경향이 있다. 즉, 노동의 성격보다는 노동의 결과물이 얼마인지가 중요하다. 다시 말하면, 노동은 그 자체에서 어떤 의미를 찾기보다는 무언가를 이루기 위한 수단으로 간주했다고 할 수 있다.

이 세 가지 노동관이 우리의 일을 대하는 태도에 영향을 끼쳤다고 할 수 있다. 그래서 이러한 노동관은 가능한 한 피할 수 있으면 피하는 것이 현명하지만, 여전히 그 영향으로 우리는 노동 중에서도 삶의 본질적 활동으로 간주되는 정신적 노동을 중요하게 여기는 경향이 있다. 이러한 관점과 함께 최근에는 정신노동이냐 육체노동이냐에 관계없이 높은 경제적 보상을 산출하는 노동을 선호하게 되었고, 이러한 노동의 도구적 관점이 점차 강화되는 실정이다.

## 노동관의 교육적 의미

이러한 노동관은 어떤 태도로 교육활동이라는 노동을 할 것인가, 또 교육이 추구하는 바가 무엇이어야 하는가와 밀접한 관계가 있다. 앞에서 논의한 노동관에 터해서 노동과 교육의 관계를 생각해 보자.

첫째, 참된 의미에서의 교육은 교사가 가르치는 활동과 교사가 활동을 멈추고 학생이 조용히 관조하고 성찰하는 여가schole라는 양면을 통해 이루어진다. 하지만 오늘날 우리는 교육을 주로 전자의 측면-가르치는 활동-에서 이해하는 경향이 있다. 가르치는 활동으로서의 교육이 중요하지만, 여기에 여가/쉼이 동반되지 않으면 교육은 그 중요한 한 부분-쉼 가운데 이루어지는 성찰과 관조-을 잃어버리게 된다. 그렇게 되면 여가 없이 열심히 교육 혹 공부라는 노동에 매진하지만 성찰과 관조가 결핍되어 지식의 내면화 작업이나 습득된 지식을 기반으로 사물의 본질을 깨닫는 영감을 얻는 기회를 잃어버릴 가능성이 크다.

둘째, 자본주의 영향을 강하게 받고 있는 오늘날 우리는 노동 그 자체에 의미를 부여하기보다 노동의 사회적 기능을 중시하는 경향이 강하다. 이러한 노동관은 교육 또는 공부라는 활동에도 마찬가지로 적용된다. 그래서 교육은 개인의 사회적 출세나 국가의 경제 발전을 위한 수단으로 간주되곤 한다. 이처럼 교육의 외재적 가치만을 강조하면 교육의 본질이라 할 수 있는 배움을 통한 전인적 성장에 소홀해지기 쉽다. 더구나 노동의 가치를 경제적, 효용적 측면에서 보기 때문에 인간의 정신적, 정서적 측면이 중요한 교육 활동이 왜곡될 수 있다. 오늘날의 노동관에 근거한 교육활동은 교육의 본질을 상실케 할 우려가 있기 때문에 그들이 지닌 문제점들을 극복할 수 있는 새로운 노동관이 필요하다.

그런 면에서 칼릴 지브란Kahlil Gibran의 시 「예언자」[1]는 현대 사회의 맹점이 무엇인지와 그 대안은 무엇일 수 있는지를 제대로 볼 수 있게 해 준다. 「예언자」 중에서 노동에 관한 부분을 읽어 보자.

---

1. 니콜라스 월터스토프 지음, 홍종락 옮김(2019), 『월터스토프 회고록: 경이로운 세상에서』에 인용된 번역 사용(48~49쪽).

사랑 없는 모든 노동은 공허하다.

사랑으로 일할 때,

그대는 자신과 타인과 신과 연결된다.

그러면 사랑으로 일한다는 것은 무엇인가?

사랑하는 사람이 입을 옷을 짜듯

마음에서 뽑아낸 실로 옷을 짜는 것이다.

사랑하는 사람이 살 집을 짓듯

애정을 갖고 집을 짓는 것이다.

사랑하는 사람이 먹을 열매를 기르듯

정성껏 씨 뿌리고 기쁨으로 그 열매를 수확하는 것이다.

그대가 만드는 모든 것에

영혼의 숨결을 불어넣는 것이다.

그리고 모든 축복 받은 망자들이

곁에 서서 지켜보고 있음을 아는 것이다.

(중략)

노동은 눈으로 볼 수 있는 사랑이다.

이 시는 노동과 사랑의 필연적 결합의 중요성을 잘 보여 준다. 시인은 모든 노동에 사랑이 결합되지 않으면 그 노동은 의미가 없다고 한다. 사랑으로 하는 노동을 통해서만 우리는 자신과 타인과 신과 연결되기 때문이다. 즉, 이웃이나 하느님을 위해서 하는 어떤 활동이나 노동도 사랑의 마음이 담기지 않는다면 그것은 결코 상대의 중심에 도달하지 못할 것이다. 달리 말해서, 우리가 우리 자신이나 타인 그리고 신과 진정으로 연결되고자 한다면 사랑의 마음으로 노동을 해야 한다. 시인은 노동이야말로 우리가 볼 수 있는 사랑이라 했다. 시인은 사랑으로 노동을 한다는 것이 무엇인지를 인간 삶의 기본 요소인 의, 식, 주의 제공과 관련하여 제시한다. 그러고는 사랑으로 하는 노동은 "그대가 만드는 모든 것에 영혼의 숨결을 불어넣는 것"이라 한다. 영혼의 숨결이란 인간 존재의 본질에 해당한다. 그러므로 영혼의 숨결을 불어넣으며 하는 일은 마르틴 부버가 말했던 "자신의 전 존재를 들여" 하는 행위에 해당할 것이다.Buber, 2000

교육활동 역시 사랑으로 하는 노동이 될 때 교육하는 자와 교육받는 자가 긴밀하게 연결된다. 그래야 진정한 소통이 일어나고 비로소 교육이 이루어진다. 사랑으로 하는 교육이 되기 위해서는 교사가 무엇보다 가르치는 일 자체를 사랑해야 한다. 그리고 그가 가르치는 지식에 대한 사랑과 가르치는 학생에 대한 사랑이 전제되어야 한다. 이처럼 사랑하는 지식을 사랑의 태도로 가르칠 때 학생들은 교사의 그 마음을 느끼고 전수받게 될 것이다. 결국 교사가 가르치는 일과 가르침의 내용에 대한 사랑과 열정만큼 학생들은 배움을 얻을 것이다. 그를 통해 학생들도 배움 그 자체를 사랑하며 지식 탐구에 마음을 쏟게 될 것이다. 그럴 때 지식은 학생들의 삶과 괴리되지 않고 그들의 삶을 자유롭고 풍요롭게 할 것이다. 영혼의 숨결을 불어넣는 교사의 가르침을 받은 학생들은 교사로부터 배운 지식으로 자신의 존재를 형성해 갈 것이다. 이러한 사랑의 교육에는 활동과 여가의 구분이 의미 없고, 육체노동과 정신노동이 통합되어 효용적 가치를 넘어선다. 인간 존재의 형성에서 가장 중요한 것이 사랑이요, 사랑으로 하는 교육이라는 노동이다.

지브란이 노래하는 사랑으로 충일한 노동과 영혼의 숨결을 불어넣는 교육활동은 장자가 강조했던 불언지교不言之敎와 통하는 점이 있다. 불언지교는 지혜와 같이 인생에서 참으로 중요한 것은 말로써 가르칠 수 없음을 의미한다. 그보다는 가르침이란 덕으로 충만한 존재 자체로부터 일어나는 무위無爲의 행위임을 주장한다.방진하·이성미, 2015 가르침이란 학습자를 변화시키기 위해 무언가를 강압적으로 시키는 활동이 아니다. 교수자가 사랑으로 가득한, 덕으로 충만한 존재가 될 때 존재 그 자체가 선한 영향을 미칠 것으로 볼 수 있다.

# 4부

# 학생과 교사 사이

# 7.
## 학생이라는 이름의 방문객
### 정현종의 「방문객」과 환대의 학생론

### 학생 중심 교육이라는 말의 허상

'학교교육의 3요소는?'

교육학개론 시간에 흔히 하는 질문이다. 학생들은 어렵지 않게 '학생, 교사, 교육과정'이라 답한다. 학생이 교육의 가장 중요한 요소라는 사실은 대부분 사람이 머리로는 인정하는 바다. 이와 같은 맥락으로 최근에는 '학생 중심 교육'이란 말을 자주 들을 수 있다. 학생들을 중심으로 교육활동을 기획하고 행해야 한다는 말일 것이다. 어쩌면 당연한 말을 다시 중요하게 거론한다는 것은 그 당연한 사실이 당연하게 지켜지지 않기 때문은 아닐까. 과연 우리 교육에서 실제로 학생들이 중심에 위치하는가? 곰곰이 생각해 보면 여러 가지 의문이 떠오른다. 우선 다음 두 가지 점을 숙고해 볼 필요가 있다.

첫째, 교육이 학생 중심으로 이루어져야 한다고 할 때 과연 그 학생이 누구인가 하는 점이다. 혹시라도 공부를 잘하는 특정 부류의 일부 학생만이 해당하는 것은 아닌지 의문이 생긴다. 대한민국 학교에는 두 부류의 학생들이 존재한다. '공부 잘하는 학생'과 '공부도 못하는 놈'이다. 공부 잘하는 학생들은 학교 안팎에서 교육적 관심의 주요 대상이 된다. 그들은 학교 안에서는 웬만한 실수를 해도 묵과될 만큼 교사들의 특별 대우를 받는다. 또한 교사들뿐 아니라 학교 당국으로부터도 공식적인 혜택들을 부여받는다. 수준별 수업, 보충수업, 야간 자율 학습, 기숙사 우선 배정, 생활기록부 기재 등에서 일반 학생보다 우월한 조건들을 제공받기도 한다. 무엇보다 두드러진 특혜는 공부도 못하는 학생들은 꿈꿀 수도 없는 특별한 학교-영재고, 외고, 자사고, 과학고 등-에 가서 질 높은 교육을 받을 수 있다는 점이다. 지방의 일반고에서는 전교에서 잘해야 1~2명이 겨우 들어간다는 소위 SKY 대학에 한 해에 재학생의 90%가 합격했다는(중복 합격자 포함), 그런 학교에 다닐 수 있다는 사실이다. 이처럼 학교 내 학생을 대하는 교사의 태도에서 자사고와 특목고 설치 등 국가의 교육정책에 이르기까지 학업 성적이 우수한 학생이 그 중심에 있다. 이런 현실은 '공부도 못하는 학생'에게는 반反학생중심교육이 아닐 수 없다.

둘째, 학생 중심 교육이란 말이 교육적으로 올바르게 사용되고 있는가 하는 점이다. 이 문제를 제대로 논의하려면 학생들을 어떤 존재로 보느냐 하는 아동관을 살펴볼 필요가 있다. 교육현장에서 흔히 발견되는 아동관으로는 소위 '백지론'과 '종자론'이 있다.

전자는 아동을 외부 환경의 영향으로 형성되는 수동적 존재로 보는 데 비해, 후자는 성장 가능성이 아동의 내부에 있는 능동적 존재로 보는 관점이다. 이런 관점 차이는 앞 장에서 설명한 바와 같이 교육education의 두 가지 어원적 의미의 토대가 된다. 즉 백지론에 근거할 때 교육은 라틴어 어원인 educare의 뜻대로 주조하다mould의 의미가 된다. 반면 종자론에 근거할 때는 educere가 되어 '인도하다lead, 끌어내다draw out'의 의미가 된다. 여기서 학생 중심 교육이란 학생을 수동적 존재로 보고 교사가 주도하던 교육에서 학생을 능동적, 적극적인 존재로 보고 학생의 자기주도 학습을 강조하는 교육으로 전환하는 것을 일컫기도 한다. 이러한 전환은 분명 교육의 성장이며 발전이다. 하지만 학생을 백지 혹은 종자로 보는 관점은 배움이 일어나는 방식에 대한 대략적 이해에는 도움이 되지만 실제 배움의 복잡한 역동성을 설명하기에는 너무 단순한 메타포다. 그러므로 아동을 바라볼 때 '교사 주도 교육이 필요한 수동적 존재'로 보거나 '학생 주도 학습이 필요한 능동적 존재'로 이해하는 차원을 넘어서는 관점이 요구된다.

정현종 시인의 「방문객」을 읽으며 학생을 보는 새로운 관점의 가능성을 발견하게 된다. 그의 시 전문을 읽어 보자.

사람이 온다는 건
실은 어마어마한 일이다.
그는

그의 과거와

현재와

그리고

그의 미래와 함께 오기 때문이다.

한 사람의 일생이 오기 때문이다.

부서지기 쉬운

그래서 부서지기도 했을

마음이 오는 것이다―그 갈피를

아마 바람은 더듬어 볼 수 있을

마음,

내 마음이 그런 바람을 흉내 낸다면

필경 환대가 될 것이다.


## 어마어마하지만 부서지기 쉬운 존재인 학생

방문객 혹은 나그네가 우리를 방문하는 것은 일상적인 일이다. 그들은 대개 우리처럼 평범한 이들이다. 그러므로 한 사람의 방문은 별로 대수롭지 않은 사소한 일일 것이다. 그런데 이 시에서 시적 화자는 한 방문객 혹은 한 나그네를 맞이하면서 그 일이 사소한 일이 아니라 어마어마하게 큰일이라 말한다. 왜 화자는 일상사의 평범한 한 방문객의 방문을 "어마어마"하게 중요한 일로 보는 것일까? 그 이유는 화자가 자기 앞에 서 있는 방문객을 대하면서 그의 현재의 (초라한) 모습을 보는 것을 넘어 한 인간의 과거와 미래를 포함한 전 일생을 보기 때문이라고 한다. 누구나 세상에 자신의 탄생을 알리는 순간부터 수없이 많은 삶의 이야기들을 만들어 간다. 기뻤던 일과 슬펐던 일, 고통과 환희의 경험, 절망과 희망의 순간들이 씨줄과 날줄이 되어 한 인생의 역사를 짜 나간다. 그러므로 한 명의 방문객이 내 앞에 있다는 사실은 달리 말하면 수없이 많은 이야기로 이루어진 한 인생의 역사 앞에 내가 서 있는 것이다. 더구나 그의 인생을 이루는 이야기 하나하나가 그와 다양한 타자들이 상호작용하며 만든 것이라면 그 이야기들이 모인 그의 일생은 마치 한 편의 대하드라마에 비견되지 않겠는가? 그의 일생은 그의 가족, 친구, 학교, 마을, 직장 이야기, 그리고 시대와의 갈등과 화해 등 실로 다양한 이야기로 이루어져 있다. 그 이야기에는 많은 사람이 등장하고 다양한 사건과 갈등들이 빼곡하게 들어 있다.

시인은 한 인간을 타인에 의해 일방적으로 형성되는 존재이거나 자신의 주체적 자아에 의해 독자적으로 정립되는 존재로 보지 않는 듯하다. 방문객으로 표상되는 인간은 자아와 타자(이웃, 사물, 자연, 초월적 존재)의 만남과 상호작용으로 형성되어 가는 존재이다. 그래서 우리 앞에 서 있는 사람은 사회적 성취를 이루었든, 그렇지 않든 관계없이 모두가 오늘의 그를 형성하는 데 영향을 준 많은 타자와 그가 살아온 역사의 시간이 함께하는 것이다.

학생들을 이런 시각으로 바라보면 우리 교육은 얼마나 달라지겠는가? 먼저 학생들을 교육의 대상으로만 대하는 태도에서 벗어나게 될 것이다. 학생들에게 일방적으로 지식을 주입하려고 하거나 독자적으로 지식을 습득할 것을 요구하는 것은 학생을 타인과의 상호작용을 통해 자신의 삶을 형성해 가는 주체로 인식하지 못하고 공부하는 일이 전부인 기능적 존재로 생각하기 때문일 것이다. 「방문객」이 보여 주는 관점으로 학생들을 대할 때 교실에 앉아 있는 모든 학생은 예외 없이 어마어마한 존재들이 된다. 그들은 자기 삶의 고유한 이야기들을 만들어 가는 주체이기에 그들 모두는 존재하는 모습 그대로 수용되고 존중받아야 한다.

시적 화자는 방문객의 방문을 어마어마한 일로 받아들이면서 동시에 그 방문객의 실존적 유약함을 포착하고 있다. 방문객을 대하는 이러한 양가적 태도는 학생을 대할 때도 동일하게 적용될 수 있다. 학생들은 대부분 상처 입기 쉬운 존재들이며 교사나 부모와 같은 성인에 의해 이미 많은 상처를 입었을 수도 있다. 그래서 시인은 우리에게 바람과 같은 속성을 갖기를 권면한다. 바람은 방문객의 연약한 마음의 갈피를 더듬어 볼 수 있기 때문이다. 바람이 부서지기 쉬운 흔들리는 방문객의 마음을 알 수 있는 이유는 무엇일까? 바람 자체가 고정된 형태를 지니지 않고 늘 부서지며 흔들리기 때문일 것이다. 그러므로 어른들 역시 아이들의 마음을 더듬어 볼 수 있으려면 고정관념이나 사회적 규범에 고착되어 있던 자세에서 벗어나야 한다. 자신들도 흔들리며 부서질 수 있는 존재임을 인정할 때 타자인 학생들을 더 이상 타자로 보지 않고 또 다른 자아로 맞아들일 수 있게 된다. 그것이 환대이다.

프랑스의 철학자 데리다Jacques Derrida는 '낯선 이를 자기 집에 맞아들임'이란 뜻을 지닌 환대를 조건적 환대와 절대적 환대로 구분하여 그 의미를 논하였다. 조건적 환대가 자아가 주인으로서 관용의 마음으로 손님인 타자를 영접하는 것이라면, 무조건적 환대라고도 하는 절대적 환대는 자아가 스스로를 주인이면서 동시에 손님으로 여기는 태도이다. 그럴 때 타자는 손님이면서 동시에 주인이 된다. 타자를 대접하는 일은 자신 또한 타자일 수 있는 자아를 영접하는 것이다.강남순, 2022 이런 측면에서 학생을 환대한다는 것은 학생이 지닌 유약함을 교사도 동일하게 갖고 있음을 인정하는 것으로부터 시작된다. 나아가 교사가 가르치는 자인 동시에 배우는 자라는 사실을 인식하는 것도 중요하다. 그리하여 교사가 연약한 학생들을 마주할 때 그 학생들 속에 자신의 존재도 같이 있음을 깨닫고 학생들을 정성껏 가르치는 것이 환대의 정신이다.

학생 중심 교육이란 말이 유행하지만 그 말의 의미가 모호하고 피상적으로 쓰이는 것 같아 안타깝다. 학생 중심 교육을 말하면서도 학생들을 기능인으로 대상화하거나 타자와의 깊은 만남의 기회를 차단하여 주체적 인간으로 성장해 가는 것을 방해하기도 한다. 정현종 시인은 「방문객」을 통해 평범한 한 인간 혹은 학생이라는 존재의 무거움과 가벼움에 대하여, 그리고 그들을 대하는 우리들의 태도와 자세에 대하여 생각해 보게 하는 새롭고도 깊이 있는 시각을 열어 준다

# 8.
## 곡식을 자라게 하는
## 봄흙으로서의 선생
### 도종환의 「어릴 때 내 꿈은」과 봄흙 교사론

학교교육에서 가장 중요한 요소는 무엇일까? 앞의 글에서도 말한 바와 같이 학생과 교사일 것이다. 특히 교사는 교육의 질을 좌우하는 데 절대적인 영향을 준다. 그러므로 교육을 연구하는 교육학이라는 학문 활동에서나 교사 양성을 목적으로 하는 사범대학의 교육활동에서 교사에 관한 연구와 교사를 준비시키는 실천들이 매우 중요하다.

그런데 교사의 중요성에 비해 연구를 수행하는 학문적 차원에서나 실천을 강조하는 실제의 차원에서 여전히 부족한 부분이 많다. 흔히 교사와 관련된 주요 주제들을 '교사론'이라는 범주로 묶어 논의하고, 예비 교사들에게도 가르치고 있다. 교사론에서 다루는 주요 내용은 교직의 특성, 교사의 자질과 역할, 교사의 의무와 권리, 교사의 사회적 경제적 지위, 교원 임용 등이다. 물론 이러한 내용이 교사와 관련된, 교사들에게 필요한 지식인 것은 사실이다. 하지만 여기에는 교사가 갖추어야 하는 본질적 특성이 무엇이며 이를 현실에서 어떻게 준비시킬 것인지가 충분히 제시되어 있지 않다.

　교육현장에서 교사가 중요하다는 것은 교사라는 존재가 학생들에게 미치는 영향이 얼마나 큰지를 말하는 것으로 이해할 수 있다. 그래서 이것은 학생들에게 좋은 영향을 끼치는 교사가 되기 위한 준비의 중요성을 말하는 것으로도 이해할 수 있다. 그렇다면 준비된 교사, 좋은 교사란 어떤 특징을 지닌 사람일까? 이는 교사의 본질적 특징이 무엇인가라는 질문과 통한다. 이에 대한 답을 이론적이고 논리적으로 할 수도 있겠지만, 여기서는 한 교사 시인의 고백적 시를 살펴봄으로써 그 답을 찾아보고자 한다. 어떤 교사가 될 것인가는 지식의 문제가 아니라 삶 전체의 문제이고 인간 존재의 문제이다. 이 점이 이 글에서 말하고자 하는 핵심 주장 가운데 하나이다. 좋은 교사가 되기 위한 준비는 무엇을 알아야 하는가 하는 것보다는 어떤 사람이 되어야 하는가의 문제와 연결되어 있다. 즉 교사론은 아는 것knowing이나 행동doing의 차원을 넘어 존재being에 대한 고민과 성찰을 요구한다.

　좋은 교사란 어떤 사람일까를 떠올릴 때 종종 생각나는 시가 있다. 도종환의 「어릴 때 내 꿈은」은 쉽게 이해되지만 결코 빨리 읽을 수 있는 시가 아니다. 이 시에는 힘들게 교사의 삶을 살았던 시인의 삶의 무게가 담겨 있다. 시인의 과거와 현재와 미래가 오롯이 담겨 있어 어린 시절의 꿈과 교사가 되어 경험한 아픔과 부끄러움, 앞날에 대한 염원과 다짐 등 그의 일생이 나타난다. 이처럼 한 인간의 가볍지 않은 삶의 무게가 실린 글은 천천히 그 내용을 곱새기면서 읽어야 한다. 그러므로 도종환의 시를 읽는 일은 교사로서 그의 생애의 변화 과정을 살피는 일이며, 그의 생애의 변화와 비교하여 우리의 삶을 성찰하는 작업이 될 것이다. 그 시의 전문을 읽어보자.

어릴 때 내 꿈은 선생님이 되는 거였어요.
나뭇잎 냄새 나는 계집애들과
먹머루빛 눈 가진 초롱초롱한 사내녀석들에게
시도 가르치고 살아가는 이야기도 들려주며
창밖의 햇살이 언제나 교실 안에도 가득한
그런 학교의 선생님이 되는 거였어요.
플라타너스 아래 앉아 시들지 않는 아이들의 얘기도 들으며
하모니카 소리에 봉숭아꽃 한 잎씩 열리는
그런 시골학교 선생님이 되는 거였어요.

나는 자라서 내 꿈대로 선생이 되었어요.
그러나 하루 종일 아이들에게 침묵과 순종을 강요하는
그런 선생이 되고 싶지는 않았어요.
밤늦게까지 아이들을 묶어 놓고 험한 얼굴로 소리치며
재미없는 시험 문제만 풀어 주는
선생이 되려던 것은 아니었어요.
옳지 않은 줄 알면서도 그럴듯하게 아이들을 속여넘기는

그런 선생이 되고자 했던 것은 정말 아니었어요.
아이들이 저렇게 목숨을 끊으며 거부하는데
때묻지 않은 아이들의 편이 되지 못하고
억압하고 짓누르는 자의 편에 선 선생이 되리라곤 생각지
못했어요.

아직도 내 꿈은 아이들의 좋은 선생님이 되는 거예요.
물을 건너지 못하는 아이들 징검다리 되고 싶어요.
길을 묻는 아이들 지팡이 되고 싶어요.
헐벗은 아이들 언 살을 싸안는 옷 한 자락 되고 싶어요.
푸른 보리처럼 아이들이 쑥쑥 자라는 동안
가슴에 거름을 얹고 따뜻하게 썩어가는 봄흙이 되고 싶
어요.

이 시는 세 개의 연으로 구성되어 있다. 1연은 선생님이 되고 싶
었던 화자의 어릴 때 꿈을 다룬다. 그 꿈은 시골학교 선생님이 되
는 것이었다. 이 시에서 시골학교 선생님의 이미지는 학생들과 더
불어 화목하고 평화로운 세계를 이루어 가는 사람으로 나타난다.
화자가 어릴 때 교사가 되는 꿈을 가졌던 것은 요즈음 아이들이
교사가 되고자 희망하는 것과 그 동기에서 현격한 차이가 있다. 휴
가 일수가 많은 비교적 안정된 직업이라는 장점으로 인해 오늘날
많은 아이가 교사를 희망한다. 그러나 시의 화자는 교사가 되고자

하는 동기를 분명하게 표현한다. 그것은 화자가 교사가 되어 아이들과 자연과 더불어 하나 되어 살아가는 세계를 꿈꾸기 때문이다. 이는 달리 말하면 평화의 세계이다. 평화의 세계에는 화목한 관계와 인격적 소통이 중요하게 자리 잡고 있다. 그래서 화자는 아이들에게 시를 가르치며, 살아가는 이야기를 들려주고 싶어 한다. 또 "시들지 않는 아이들의 얘기도 들으며" 인격적인 소통을 해 나가기를 원한다. 이와 같이 교사와 학생은 자신의 삶을 이야기하고 상대의 말을 듣는 가운데 화목한 관계가 형성되고 참된 배움이 일어난다. 또한 교육을 통해 이루고자 하는 평화에는 타자와의 화목뿐 아니라 자연과의 조화도 중요하다.

시의 1연을 읽으며 평화로움을 느끼게 되는 것은 선생과 아이들이 만나는 장소에는 언제나 따뜻하고 아름다운 자연이 함께하기 때문이다. 학생들과 교사가 만나는 장소는 "창밖의 햇살이 [들어와] 언제나 가득한" 곳이며, 플라타너스 나무가 그늘을 만들어 주며, "하모니카 소리에 봉숭아꽃 한 잎씩 열리는" 곳이다.

2연은 어릴 때 꿈을 좌절시키는 현실 세계에 대한 화자의 인식을 보여 준다. 교사가 되어 경험하는 현실 세계는 어릴 때 희망했던 꿈의 세계와는 너무 대조적이다. 그때 꿈꾸었던 세계가 인격적 소통과 화목한 관계를 기반으로 하는 평화의 세계였다면 현실의 세계는 "침묵과 순종을 강요하는" 일방적 말하기와 "험한 얼굴로 소리치는" 깨어진 관계로 이루어진 죽음의 세계이다. 화자가 경험했고 오늘날도 여전히 많은 교사가 경험하는 현실 세계에는 서로의 삶의 이야기가 오가는 가운데 배움을 얻는 대신 "재미없는 시험 문제만 풀어 주는" 시간으로 채워진다. 그곳에는 평화의 분위기를 제공하던 자연은 자취를 감추고 모습을 보이지 않는다. 이처럼 소통도, 관계도, 자연도 사라진 교육 공간에는 "아이들이 저렇게 목숨을 끊"는 비극적 상황만이 남는다. 시의 2연은 죽음의 교육으로 치닫는 현실 세계의 냉혹함을 보여 주는 동시에 아이들의 생명을 억압하는 세계에 저항하지 못하고 침묵과 순종으로 추종하는 화자의 괴로움과 현실에 대한 자기반성을 보여 준다.

마지막 3연은 새로운 결심과 다짐을 나타낸다. 화자의 꿈은 단순히 교사나 선생이 되는 것이 아니라 "좋은 선생님"이 되는 것이었음을 다시 상기한다. 이 시 전체에서 매우 중요한 전환점이 되는 부분이 3연 첫 문장이다. "아직도 내 꿈은 아이들의 좋은 선생님이 되는 거예요." 이 구절이 없었다면 이 시는 어릴 때의 추억에 젖어 있는 감상적인 시가 되었거나 현실의 높은 벽에 부딪혀 절망하는 화자의 넋두리로 채워졌을 것이다. 하지만 화자의 현실에 대한 이해와 깊은 자기반성은 새로운 도약을 꿈꾸게 하는 발판이 된다. 시적 화자는 현실 세계에서 아이들 편에 서서 생명력을 키우는 교육을 하는 대신 아이들을 죽음으로 내모는 교육에 일조한 삶을 살았음을 솔직하게 고백한다. 그럼에도 그는 여기에 머물러 있지 않고 이를 벗어나서 새로운 길을 가기를 염원한다.

3연에 나타난 화자의 바람은 어릴 때의 꿈을 소환하지만 1연에서 보여 주는 낭만적 꿈의 세계를 넘어선다. 그는 어떤 교사가 되어야 할지를 구체적으로 고민하면서 그 지향점을 제시하고 있다. 이 시의 3연에서 보여 주는 좋은 선생님은 "징검다리", "지팡이", "옷 한 자락", "봄흙" 등의 비유로 표현된다. 이 비유들은 무엇인가 자신이 아닌 다른 것을 위해 존재하고 기능하는 것들이다. 즉, 징검다리는 사람들이 개울을 건너가기 위해 필요하고, 지팡이는 길을 바로 걸어가는 데 유용하다. 겨울옷이 충분치 못한 이들에게는 옷 한 자락이 긴요하고, 아이들이 보리처럼 쑥쑥 자라기 위해서는 거름 없는 봄흙이 꼭 필요하다. 징검다리, 지팡이, 옷자락, 흙 등이 각자에게 요구되는 기능을 수행하는 것처럼 교사들도 자신들이 처한 상황에서 각자에 맡겨진 일들에 최선을 다해야 할 것이다. 무엇보다 이 시는 좋은 선생이란 어떠어떠한 일을 해야doing 한다는 점을 강조하는 것을 넘어서 어떤 사람being이 되어야 하는가에 더욱 관심을 기울인 것으로 보인다.

이런 관점으로 다시 보면 3연은 화자가 되고 싶어 하는 좋은 선생님이란 어떤 사람인지를 나타내고 있다. 좋은 선생님의 이미지를 나타내기 위해 네 개의 단어 또는 문구를 사용한다. 그중 앞의 세 개-징검다리, 지팡이, 옷 한 자락-는 여러 면에서 어려움을 겪는 아이들에게 도움을 주는 존재를 나타내는 단어다. 좋은 선생님이란 "물을 건너지 못하는 아이들", "길을 (잃어버리고) 묻는 아이들", "헐벗은 아이들" 등 다양한 면에서 결핍을 경험하고 있는 아이들과 함께하고자 하는 자이다. 화자는 좋은 선생님의 마지막 이미지로 "따뜻하게 썩어가는 봄흙"을 제시한다. 보리를 비롯한 여러 곡식과 식물들이 봄철 동안 무럭무럭 자라기 위해서는 봄흙이 필요하다. 봄흙이 식물들에게 더 많은 영양분을 공급하려면 흙은 썩어가야 한다. 좋은 선생님은 아이들이 쑥쑥 자라는 모습을 보는 일이 삶의 기쁨이며 보람이 되는 자이다. 아이들이 자라는 동안 선생님은 늙어 가지만 이를 개의치 않는 자이다.

시를 다 읽고 난 우리는 다시 묻는다. 그래서 좋은 선생님이란 어떤 사람인가? 어떻게 좋은 선생님이 되어 가는가? 아이들과 함께하는 것을 좋아하는, 특히 여러 가지 결핍이 많은 아이에게 자꾸 마음이 가는 사람이다. 자라가는 아이들과 삶의 이야기를 진지하게 나누며 평화의 세계를 맛보는 사람이다. 그러나 그들은 현실의 세계에서 실패를 경험하는 자이다. 그럼에도 비교육적 행태를 아프게 인정하며 성찰을 통해 다시금 좋은 선생이 되기를 염원하는 자이다.

# 5부

교육은 학교와 마을을 넘어
기억의 공동체로

# 9.
## 생기 없는 봄날의 교실과 미래교육
### 김명수의 「하급반 교과서」와 학교교육의 획일성

### 불확실성의 시대와 미래교육

코로나19라는 초유의 사태를 겪으면서 교육의 환경과 개념이 급속도로 변하고 있다. 앞날을 예측하기 어려운 시점에 미래교육에 대한 관심이 고조되는 것은 당연하다. 미래교육은 예측하기 어려운 미래를 대비하는 우리 세대의 중대한 과제이다. 인공지능과 사물인터넷 같은 첨단 과학기술의 급속한 발달과 극심한 가뭄, 세계 곳곳의 지진, 지구온난화, 바이러스 팬데믹의 일상화 같은 이상기후로 인한 전 지구적인 자연재해 현상은 우리로 하여금 지금까지 수행해 온 교육의 방향과 목적을 다시금 돌아보게 하는 계기가 되었다.

그럼에도 경제협력개발기구OECD, 유네스코UNESCO, 세계경제포럼WEF 같은 국제기구와 단체들은 미래 사회를 준비하기 위해 청소년이 미래 사회에 필요한 역량을 기르는 것이 중요하다고 입을 모은다. OECD는 21세기를 맞이하면서 1997년부터 2003년까지 '미래 사회를 대비하는 학교교육'에 대한 광범위한 연구를 통해 미래 핵심역량 교육을 제안했다.[DeSeCo, 2003] OECD는 이어서 지금의 학생들이 성인이 되는 2030년의 세계에서 살아가는 데 필요한 역량이 무엇일지를 탐구하는 또 하나의 대규모 프로젝트인 'OECD Future of Education and Skills 2030 Project'(이하 '교육 2030 프로젝트'로 약칭)'를 2015년부터 2023년까지 수행하고 있다. 2018년 연구보고서에 따르면 인공지능과 인터넷의 발달로 교사에 의한 지식 전달의 중요성은 점차 약화되는 대신 학생의 주체적 학습이 중요해진다고 한다.[OECD, 2018] 보고서에서는 미래를 대비하는 교육을 위해 '새로운 가치 창출하기', '긴장과 딜레마 조정하기', '책임감 갖기' 등의 미래 역량을 강조했다. 그리고 미래 역량의 핵심으로 '학생 행위주체성student agency'을 제시했다. 학생 행위주체성이란 "변화를 만들기 위해 목표를 세우고, 그것을 반성하고, 책임감 있게 행동하는 능력"을 일컫는다. 그래서 학생이 학습에서 행위주체자가 된다는 것은 그들이 무엇을 어떻게 배울 것인지를 결정하는 과정에서 스스로가 적극적인 역할을 하는 것을 의미한다. 행위주체자로서의 학생은 일생 동안 사용할 수 있는 더할 수 없이 귀중한 기술인 "배우는 법을 배우는learning how to learn" 능력을 얻게 될 것이라고 본다.[강영택, 2022]

역사적인 전환기마다 중요한 교육 보고서를 발표해 온 유네스코는 2021년 코로나19 재앙을 겪으면서 인류가 나아가야 할 방향을 다시 점검하는 보고서를 제출하였다. 《다 함께 그려 보는 우리의 미래: 교육을 위한 새로운 사회계약》2021이라는 미래교육 보고서는 지금까지 추구해 왔던 개발과 성장의 방향성에 대한 반성을 촉구하고, 이상기후 문제, 세계의 양극화 문제, 민주주의의 후퇴 등 점차 심각해져 가는 전 지구적인 문제들을 해결하기 위해 새로운 사회계약이 필요하다고 주장한다. 미래 사회에는 상호의존성이 더욱 중시될 수밖에 없기 때문에 미래교육은 '협력과 협동 그리고 연대'를 강조한다. 그리고 공공의 노력public endeavor으로서의 교육과 함께 공동재common good로서의 교육을 강조한다.UNESCO, 2021

이 국제기구들을 포함하여 여러 기관에서 미래 교육역량과 관련해서 발표한 내용을 종합하면 4C로 표현할 수 있다. 소통 능력Communication, 비판적 사고 능력Critical thinking, 협력 Collaboration, 창의성Creativity이다.

이러한 능력들이 미래 사회에 필요한 역량이라고 하는 이유는 다양한 문화를 가진 사람들이 함께 살아가는 다문화 사회가 강화될 것이기 때문이다. 이와 더불어 4차 산업혁명이라 일컫는 첨단 과학기술이 가져올 사회의 변화와 전 지구적인 자연재해와 같이 앞날을 예측하기 어렵게 만드는 불확실성 등이 미래 사회의 주요 특징이기 때문이다. 다양성의 사회는 소통과 협력을 필수적으로 요청한다. 디지털 기기의 발달로 변화가 빈번하고 급속도로 일어나는 사회에서는 주위에서 쉽게 접하게 되는 정보와 데이터의 진위 여부를 판단하는 능력인 비판적 사고 능력이 요청된다. 또한 불확실성의 시대에는 논리를 뛰어넘는 창의성과 상상력이 변화를 주도하게 될 것이다.

이러한 점들을 고려한다면 우리나라 학교도 미래 역량 교육을 핵심적인 교육 방향으로 삼아야 한다. 즉, 학생들에게 소통과 협력을 통해 타자와 공존하는 법을 가르치고 비판적 사고와 창의성을 개발시켜 불확실성을 헤쳐 나갈 수 있는 능력을 길러 주어야 한다. 교육정책 당국에서는 이러한 시대의 변화를 수용하고자 개정 교육과정을 마련하고, 첨단 기기들을 활용하는 스마트 학교도 구상하고 있다. 그럼에도 불구하고 우리나라 교실의 실제적인 상황은 얼마나 근원적으로 변화하고 있는가라는 질문에 자신 있게 답하기가 어렵다. 미래교육을 향하여 근본적인 변화를 위해 체질 개선 중인지, 아니면 여전히 미래와는 거리가 먼 전근대적인 상태에 안주해 있는 것은 아닌지 진지하게 물어보아야 할 때이다.


## 우리나라 교실 풍경


우리나라 교실에서 실제 이루어지는 수업의 모습을 이해하려면 수업의 풍경을 제대로 보여 주는 한 편의 소설이나 시를 읽는 것도 괜찮은 방법이다. 좋은 시나 소설은 현실의 이면을 충실하게 반영한다.

우리 교육의 실상을 들여다보기 위하여 김명수의 「하급반 교과서」를 읽어 보자. 이 시는 비교적 오래전인 1980년대 초에 발표되었는데, 지금도 여전히 우리나라 학교의 현 풍경을 압축적으로 담담하게 보여 주는 수작이다.

아이들이 큰 소리로 책을 읽는다
나는 물끄러미 그 소리를 듣고 있다
한 아이가 소리 내어 책을 읽으면
딴 아이도 따라서 책을 읽는다
청아한 목소리로 꾸밈없는 목소리로
"아니다 아니다!" 하고 읽으니
"아니다 아니다!" 따라서 읽는다
"그렇다 그렇다!" 하고 읽으니
"그렇다 그렇다!" 따라서 읽는다
외우기도 좋아라 하급반 교과서
활자도 커다랗고 읽기에도 좋아라
목소리 하나도 흐트러지지 않고
한 아이가 읽는 대로 따라 읽는다

이 봄날 쓸쓸한 우리들의 책 읽기여
우리나라 아이들의 목청들이여

이 시에서는 희망과 절망의 정서가 씨줄과 날줄이 되어 하나의 풍경을 만들어 간다. 먼저 시의 표면에 나타나는 풍경에는 생기발랄한 희망이 가득하다. 시에 등장하는 시공간적 배경은 화창한 어느 봄날 한 초등학교 저학년 교실이다. 우주의 모든 생명체에 생명력이 가장 왕성한 봄날 학교에 갓 들어온 천진스러운 아이들이 가득 들어찬 교실이니, 어찌 생명의 기운이 차고도 넘치지 않겠는가? 이런 배경에서 아이들이 맑고도 깨끗한 목소리로 꾸밈없이 씩씩하게 책을 읽고 있다.

이런 장면을 보노라면 대견한 마음에 흐뭇한 미소가 얼굴 가득 번지며 희망찬 미래가 떠오르는 것이 자연스럽지 않은가? 하지만 일반적인 상식이나 독자들의 예상과 달리 시적 화자인 '나'는 아이들이 청아하게 책 읽는 모습을 아무런 감흥 없이 그저 "물끄러미" 듣기만 한다. 이 모습에 의아해하고 있을 독자들은 교실 장면에 대한 묘사의 끝에서 더욱 예기치 못한 표현을 만나게 된다. "이 봄날 쓸쓸한 우리들의 책 읽기여/ 우리나라 아이들의 목청들이여." 이 구절에서 독자들은 한껏 봄날의 희망에 부풀어 올랐다가 애써 피하고 싶었던 우리 교육의 실상을 직면하고 절망의 나락으로 떨어진다. '쓸쓸한'이란 단어가 이리도 강력하게 우리를 희망의 자리에서 절망의 땅으로 끌어 내리는 힘을 갖는지 몰랐다.

눈치 빠른 독자라면 처음부터 시적 배경이 된 이 교실은 희망의 새싹이 피어나기 어려운 곳임을 알았을 것이다. 이 공간에서는 한목소리만 들릴 뿐이다. 한 아이가 선창하면 나머지 아이들이 그대로 따라 소리를 낸다. 먼저 읽는 아이가 옳게 읽든 틀리게 읽든 한 목소리를 내는 것이 중요하다. 그리고 읽고 있는 책의 내용은 '그렇다'와 '아니다'로 표현되고 있을 따름이다. '예'와 '아니요' 가운데 하나를 택해야 하고, 그 선택은 모든 아이가 동일해야 한다. 이 얼마나 눈부신 봄날 초등학교 교실에 어울리지 않는 풍경인가? 왁자지껄 생기발랄한 아이들의 다양한 목소리가 교실을 가득 메울 때 그곳은 건강한 배움의 공간이 된다. 생기 있는 아이들의 고유한 목소리가 획일성과 전체주의의 전횡에 가로막혀 소리를 발할 수 없을 때, 그곳은 더 이상 교육의 공간이라 하기 어렵다.

김명수의 「하급반 교과서」가 보여 주는 우리나라 학교의 모습은 미래교육으로 나아가야 하는 현시점에 근본적인 변화가 필요함을 조용하면서도 강력하게 촉구한다. 그 변화를 위해 먼저 필요한 것은 지금도 우리나라 학교 곳곳에 짙게 드리운 '쓸쓸한' 풍경의 원인이 되는 획일성의 실체를 정확하게 인식하는 것이다. 다음으로 필요한 것은 봄날의 새싹 같은 학생들이 미래 사회를 살아가는 데 필요한 삶의 근본적인 태도가 무엇인지를 밝히는 일일 것이다.


## 학교와 사회에 뿌리내린 획일성과 전체성


사범대학에서 학생들을 가르치며, 학기 초에 종종 학생들에게 다음과 같은 질문을 한다. "여러분이 경험한 우리나라 학교교육의 가장 심각한 문제가 무엇인가?" 학생들의 답변은 대개 몇 가지로 모아진다. '입시 위주 교육', '주입식 암기식 수업', '지루하고 단조로운 학교생활' 등이다. 우리나라 학교교육의 단조로움과 획일성은 수업 방식에서 대표적으로 나타나지만 교육과정이나 학교 문화에도 짙게 배어 있다. 교육과정은 학생들이 사는 지역의 특성과 학교의 설립 이념에 맞추어 재구조화되어야 하지만 현실적으로 쉽지 않다. 교육과정이 재구조화되면 수업 방법이나 평가 방법도 개선될 수 있을 것이다. 이런 개선의 필요성은 공감하지만 실천이 쉽지 않은 이유는 '대학입시'라는 거대한 과제가 교육 목표를 독점하고 있기 때문이다. 입시 위주의 교육 목표는 교육과정 운영 방식이나 수업 방법을 정하는 데 결정적인 영향을 준다. 입시를 교육 목표로 삼는 이 현상을 극복하지 않고는 교육의 획일성을 탈피하기가 불가능에 가깝다.

이 일이 결코 쉽지 않은 이유는 소위 명문대학을 향한 욕망이 학생들에게만 한정되지 않고 어른들의 세계에도 동일하게 존재하기 때문이다. 입시 위주 교육이 추구하는 성공적인 삶의 양태는 우리 사회에 뿌리 깊이 박혀 삶을 획일화시키고 있다. 그래서 위 시에서 시인은 "쓸쓸한 우리들의 책 읽기여"라고 탄식한다. 우리를 쓸쓸하게 만드는 획일적인 책 읽기는 아이들뿐 아니라 화자와 같은 어른들에게도 동일함을 분명히 밝히고 있다. 이런 문제 현상은 우리 사회에서 성공적인 삶을 규정하는 방식의 획일성에 근거한다. 성공적인 삶을 단면적으로 규정할 수 있다고 믿고 그 규정된 내용을 유일한 것처럼 강조할 때, 이는 그 사회를 살아가는 사람들의 생각과 태도에 결정적인 영향을 끼친다.

　물론 이런 현상들이 세대에 따라 조금씩 달리 나타나기도 한다. 예를 들어 밀레니엄(M) 세대(1981~1996년생)와 Z세대(1997~2012년생)를 함께 통칭해서 부르는 MZ세대는 분명히 그 이전 세대와 다른 특징을 보인다. 즉, 그들은 자기애自己愛가 강하고 자기만족을 무엇보다 중시하는 경향이 강하다. 그래서 소비생활에서는 자신의 취향에 맞는 제품을 구매하는 데 돈을 아끼지 않거나 자신의 가치에 따라 제품을 구매하는 성향을 보인다.https://namu.wiki/w/MZ%EC%8 4%B8%EB%8C%80/%ED%8A%B9%EC%A7%95 이처럼 세대에 따라 약간의 차이를 보이는 것은 사실이지만 앞에서 언급한 획일성의 문제는 우리 사회 전반에 내재되어 있다. 엄밀히 말하면 이런 획일성이나 전체성의 문제는 전 세계적인 현상으로 보편적 이슈라 할 수 있다.

　이런 차원에서 우리나라 교육의 획일성 문제를 자세히 들여다보면 보다 근원적인 문제가 있음을 발견하게 된다. 그것은 프랑스의 철학자 에마뉘엘 레비나스Emmanuel Levinas가 제시했던 전체성totality이라는 개념과 관계한다. 전체성은 인간을 위기에 빠트린 매우 위험한 사고방식이다. 이는 폭력의 가장 잔인한 형태인 전쟁을 끊임없이 발생시킨 요인이기도 하다. 레비나스는 서구인들이 인간 이성의 충족성을 과신하여 모든 사물과 사건들의 인과관계를 분명하게 설명할 수 있다고 생각했던 점을 지적했다. 이러한 태도는 나와 세계를 한정된 틀과 동일한 규정 안에 가두는 결과를 낳는다. 이와 동시에 동일한 규정 안에 포함되지 않고 배제되는 타자에 대해서는 적대적인 자세를 취하게 된다. 이것이 전체성의 위험이다. 전체성은 다름과 타자를 배제하고, 같음을 통한 자기중심적 지배를 확보하는 것을 목표로 한다. 레비나스는 전체성과 대립되는 개념으로 '무한infinity'을 제시하는데, 무한은 익숙한 규정으로 파악될 수 없고, 한정되지도 않는 타자의 속성이다. 이 무한은 '영원한 개방endless openness'이다.

우리나라 학교와 사회에 뿌리내린 획일성과 전체성은 교실에서 학생들의 질문과 비판적인 생각을 막았고, 소통과 협력이 불필요하게 만들었다. 그리하여 남은 것은 누구에게나 동일한 정답을 열심히 찾아가는 공부와, 교사에 의해 규정되고 전달된 지식을 부지런히 듣고 암기하느라 바쁜 교실과, 암기한 지식으로 타자를 이겨야 하는 경쟁의 터전이 된 사회이다. 이런 곳에서 과연 미래교육의 싹이 나고 자랄 수 있겠는가? 다른 사람과 사물을 대할 때 자신에게 익숙한 틀에 맞추어 규정하고 대상화하려는 전체성부터 벗어나야 한다. 자녀들에게 타자는 내가 알지 못하는 신비한 존재임을 인정하고 존중하는 태도를 가르쳐야 한다. 이럴 때 자아는 무한으로 열리고, 무한으로 열린 자아의 내면에서 미래교육이 요구하는 다양성의 수용과 다름에 대한 공감과 창의와 융합의 정신이 꽃처럼 피어날 것이다.

# 10.
## 모순의 교육을 넘어 역설의 교육으로
박경리의 「산다는 것」과 삶의 역설

### 모순과 역설의 교육

우리나라 교육의 실태를 함축적으로 나타내는 말로 '모순矛盾의 교육'을 제시하고 싶다. 바람직한 미래교육의 방향을 나타내는 말로는 '역설Paradox의 교육'을 제안하고자 한다. 오늘날 우리 교육은 겉으로 표방하는 목표와 실제로 추구하는 목표가 상이한 모순에 갇혀 있다. 우리 교육이 나아가야 할 방향은 우리 교육에 편만한 모순을 직시하고 그것이 가져오는 긴장과 갈등을 감싸안음으로써 새로운 인식체계로 나아가는 역설의 교육이다. 여기서 모순이 말이나 행동의 앞뒤나 표리表裏가 일치하지 않아 충돌하는 것이라면, 역설은 "모순을 통해 또 다른 진실을 찾아가는 새로운 인식체계를 구성하는 것"이라 할 수 있다.

모순은 우리 교육의 다양한 장면에서 발견된다. 우리 교육의 실태를 비판적으로 나타내는 표현에 '19세기 교실에서 20세기 교사가 21세기의 학생들을 가르친다'라는 말이 있다. 최근 들어 이 말은 소위 스마트 교실이 확산하면서 '21세기 교실에서 20세기 교사가 19세기 교수 방법으로 가르친다'라는 말로 바뀌고 있다고 한다. 둘 중 어떤 것이 우리의 실태를 더 잘 묘사한 것인지는 논외로 치고, 이 말들이 사실이라면 모순이 우리 교육에 뿌리내릴 수밖에 없음을 알 수 있다. 그런 상황이라면 교사가 아무리 열심히 교육한다 한들 시대가 요구하는 교육이나 학생들이 미래 사회를 살아가는 데 필요한 교육이 제대로 될 리가 없다. 교육을 구성하는 핵심 요소들이 서로 다른 시대적 특징들을 지닌 모순된 상황에서 교육 성과가 교사나 학생들이 기대한 바대로 나올 리가 없다.

## 지식을 보는 관점의 차이와 모순의 교육

이런 모순보다 더욱 심각한 것은 교육을 구성하는 또 다른 핵심 요소인 교과지식에 대한 관점의 차이로 발생하는 문제이다. 우리나라 학교에서 가르치는 교과지식은 원래 추구하는 내재적 가치와 목표가 있다. 교과에 따라 차이가 있긴 하지만 대체로 '사물과 사람과 사회에 대한 바른 이해'와 '그 이해에 바탕을 둔 책임 있는 실천'이다. 하지만 학생과 교사들이 지식을 배우고 가르치는 의도는 지식 습득의 본래 목적과 관계없이 평가에서 높은 성취를 얻는 것에 있다. 그래서 교과지식을 열심히 공부하여 평가에서 높은 점수를 받기만 한다면 그 지식이 삶에 특별한 영향을 주지 않더라도 이러한 교육활동은 지극히 정상적인 것으로 간주된다. 겉으로는 진리 탐구니 인격 완성이니 등을 말하지만 실제는 학생들의 시험 점수와 그 결과물인 상급학교 진학에만 관심을 두는 모습을 종종 목도하게 된다. 이 얼마나 지독한 모순인가?

우리나라에서 공부를 잘한다는 것은 질문이나 시험 문제를 대할 때 큰 어려움 없이 재빠르게 정답을 말할 능력이 있는 것이다. 대개 정답은 교과서에 잘 나와 있기 때문에 교과서 내용을 기억하는 것이 공부를 잘하는 비결이 된다. 여기에 교과서 내용의 진실성여부나 지식과 자신의 관계성 등은 큰 문제가 되지 않는다. 오히려 많은 이들의 마음에는 '교과서적 지식'이란 현실을 반영하지 못하는 형식적인 것이라고 암묵적으로 전제하고 있는 듯하다. 그러므로 교과서를 통해 공부하는 행위는 현실 세계에 대한 이해나 자신의 내면세계 성장 등과 관계없이 그저 시험 점수를 잘 받는 것을 목표로 하는 활동일 따름이다.

이처럼 지식 습득의 목표나 의도를 지나치게 도구화할 때 교육의 모순은 일상화가 된다. 학생이 윤리 공부를 열심히 하여 지식을 충분히 습득했다 하더라도 사람들은 그 학생이 지식을 토대로 윤리에 대한 이해 폭을 넓혀 전보다 성숙한 윤리적인 인격을 갖추며 삶에 변화가 생기리라고 생각하지 않는다. 마찬가지로 어떤 학생이 국어 공부를 잘한다고 할 때 사람들은 그 학생이 자신의 감정과 생각을 언어를 통해 정확하게 표현하고 타자의 말에 경청하는 능력이 있으리라 생각하지 않는다. 그보다는 단순히 시험에서 높은 점수를 획득했다는 사실에 주목할 것이다. 같은 맥락에서, 학생들이 역사적 사실들로부터 진실을 탐구하고 그 진실에 깃든 정신을 이어받아 실천하려는 열망과 의지가 없어도 교과서에 '객관적으로' 기술되어 있는 역사적 사실들을 외우는 것을 역사 공부라 생각한다면 우리 교육의 모순은 심각한 상태라 아니할 수 없다.

이처럼 겉으로 표방하며 때로 일부 교사와 학생들이 요구하는 교육 방향과 목표가 학생들이 일상적으로 생각하는 것과 분명한 차이가 있다. 경쟁을 기반으로 하는 높은 성적의 획득이라는 실질적인 목표와 협력을 기반으로 하는 내면적 성장이라는 명분적 목표에는 아득히 먼 거리가 존재한다. 이 두 가지 목표는 다분히 상반된 성격으로 양립하기 어려운 모순관계에 가깝다. 그래서 많은 사람은 현실적인 측면에서 교육 또는 지식을 이해하고 실천하는 반면, 일부 사람은 지식의 본질적인 측면 혹은 명분의 측면에서 교육을 수행한다. 각각의 측면을 선택한 이들은 자신이 수행하는 방향이 옳다고 주장하며 다른 입장의 사람들을 비교육적이라거나 비현실적이라며 비판한다.

## 모순의 교육에서 역설의 교육으로

그런데 이 문제는 선택의 문제가 아니다. 전자가 옳고 후자가 틀

렸거나 후자가 옳고 전자가 틀렸다고 할 수 없다. 우리 사회에 넘쳐나는 단순 논리에 따르면 양자 중 어떤 것을 선택하든 모순에 빠지게 된다. 그러나 역설의 관점으로 이를 보면 새롭게 세계를 볼 수 있다. 즉, 높은 점수를 추구하는 지식교육의 현실적 측면과 인간 내면의 성장을 지향하는 지식교육의 본질적 측면 모두 우리가 수용해야 하는 사실이다.

세계는 'True와 False' 그리고 'A와 ~A'로만 구성되지 않는다는 사실을 인식하는 것이 중요하다. 단순 논리로 설명할 수도, 품을 수도 없는 복잡한 현실들이 비일비재하다. 더구나 불확실성이 특징인 미래 사회는 모순, 긴장, 갈등, 역설 등이 일상화될 것이다. 무엇보다 논리의 모순에 갇혀 양자택일을 강요받는 상황에서 벗어나야 한다. 모순을 넘어 그 뒤에 숨어 있는 진실을 볼 수 있는 역설의 태도를 지녀야 한다. 즉, 교육을 통해 습득된 지식이 시험에서 높은 점수로 확인되어야 하는 현실을 인정하면서도 이것으로 끝나지 않고 지식이 내면의 성장에 기여하도록 하는 활동을 기획하고 실천해야 한다.

역설이 어떻게 모순을 넘어 새로운 눈뜸을 가능하게 하는가? 이에 대한 작은 힌트를 박경리 작가의 시 「산다는 것」에서 찾아볼 수 있다.

체하면
바늘로 손톱 밑 찔러서 피 내고

감기 들면
바쁜 듯이 뜰 안을 왔다 갔다
상처 나면
소독하고 밴드 하나 붙이고

정말 병원에는 가기 싫었다
약도 죽어라고 안 먹었다
인명재천
나를 달래는 데
그보다 생광스런 말이 또 있었을까

팔십이 가까워지고 어느 날부터
아침마다 나는
혈압약을 꼬박꼬박 먹게 되었다
어쩐지 민망하고 부끄러웠다

허리를 다쳐서 입원했을 때
발견이 된 고혈압인데
모르고 지냈으면
그럭저럭 세월이 갔을까

눈도 한쪽은 백내장이라 수술했고

다른 한쪽은

치유가 안 된다는 황반 뭐라는 병

초점이 맞지 않아서

곧잘 비틀거린다

하지만 억울할 것 하나도 없다

남보다 더 살았으니 당연하지


속박과 가난의 세월

그렇게도 많은 눈물 흘렸건만

청춘은 너무나 짧고 아름다웠다

잔잔해진 눈으로 뒤돌아보는

청춘은 너무나 짧고 아름다웠다

젊은 날에는 왜 그것이 보이지 않았을까


시에 나타난 시인의 삶에는 모순이 많다. 약을 먹거나 병원 가기를 "죽어라고" 싫어했지만 나이 들어 병원에서 수술을 받고 매일 약을 먹는 자신을 발견한다. "그렇게도 많은 눈물을 흘렸던" 속박과 가난의 청춘 시절을 나이 들어 잔잔히 돌아보면 "너무나 짧고 아름다웠던" 시절이었다고 한다. 시인에게 노년의 삶은 자신이 바라던 바와 달리 전개되고 있고, 고통스러웠던 청춘의 삶은 나이 들어 돌아보니 지극히 아름다운 시절이었다. 모순으로 채워진 생애이다.

그러나 시에는 그녀가 모순에 갇혀 옴짝달싹 못 하며 신세를 한

탄하는 모습을 전혀 보이지 않는다. 대신 그녀의 삶이 놓여 있는 모순 속에서 노년의 생을 긍정하며 감사하는 초월적 태도를 보여 준다. 그녀의 노년은 바람과 달리 약과 병원 신세를 지지만 한탄보다는 감사하는 마음으로 수용한다. 그녀의 청춘 시절은 가난과 고통으로 점철되었지만 그것을 빛나는 아름다움이라 말한다. 모순을 넘어 역설로 인생을 바라보는 시인은 가난과 고통도 아름다울 수 있음을 단순하면서도 명징하게 보여 준다. 역설의 관점은 약에 의지하고 살아가는 노년의 삶조차도 청춘의 때 보지 못했던 현상의 내면을 볼 수 있는 잔잔한 눈을 갖게 되었다는 것으로 긍정한다. 모순이 가득한 생에 갇히지 않고 이를 역설로 받아들여 새로운 세계로 들어갈 수 있었던 것은 자신의 생에 대한 지극한 애정과 긍정이 있었기 때문이다.

우리 교육의 요소들이 19세기, 20세기, 21세기의 특징을 지니며 상호 모순되어도 이를 극복하고 역설의 세계로 나아갈 수 있다. 그것은 시인이 시에서 보여 주듯이 교사, 학생, 지식 사이에 극진한 애정과 열정이 있다면 가능할 것이다. 상호 간의 애정과 열정은 시대의 구분과 범주를 넘어 서로 간의 내밀한 만남을 가능하게 한다. 우리 교육이 모순 가운데 정체되어 있지 않고 역설의 세계로 나아가 세계를 새롭게 이해하는 다원적이고 개방적인 이해체계를 갖게 되기를 기대한다.

# 11.
## 기억의 공동체가 지닌 교육의 힘
### 박노해의 「첫마음」과 기억의 소환

독일의 사회학자 퇴니스는 사회의 근대화가 심화하면서 삶의 형태가 공동체Gemeinschaft 중심에서 (이익)사회Gesell-schaft 중심으로 옮겨 간다고 하였다. 하지만 이러한 일반적인 변화에도 불구하고 여전히 애정이 중심이 되고 비계산적인 성격을 본질로 삼는 공동체는 삶의 필수적인 형태라고 말한다. 그러므로 현대화가 진전하여 이익사회가 삶의 주된 형태가 된다 하더라도 사람들은 여전히 공동체를 필요로 할 것이라 주장했다. 그러면서 공동체를 형성하는 요인으로 혈연blood, 지연place, 사고mind의 동질성을 꼽았다.

이러한 세 요소들의 유사성으로 만들어지는 공동체는 개체성을 인정하지 않고 개인을 억압하는 집단주의적 성격을 띠게 될 위험성이 다분히 높다. 그래서 현대에서 공동체를 강조하는 이들은 혈연과 장소의 공통점보다 기억의 공유를 중요하게 보기도 한다. 이러한 특징을 지닌 공동체를 '기억의 공동체'라 부른다. 기억의 공동체의 구성원들은 과거의 기억을 공유한 이들이다. 그런데 이 말은 단순히 과거에 공간이나 시간을 공유했다는 것만을 의미하지는 않는다. 비록 많은 시간을 함께 보내지 않았다 해도 짧지만 의미 있는 시간을 함께했기에 그 일이 기억에 오래 남을 수 있다. 즉, 자신의 삶에 결정적 순간 즉 카이로스Kairos[2]의 시간이 임할 때 그것을 함께 경험한 자는 중요한 기억을 공유하는 자이고 그는 한 공동체의 구성원이 되는 것이다. 반대로 많은 시간을 함께했다고 해도 그 시간들이 리듬도 향기도 잃어버렸다면 그런 시간을 함께 보내고 있는 이들은 기억의 공동체를 형성하지 못한다.[3] 기억의 공동체에서는 사람들이 과거의 소중했던 순간들을 다시 회상함으로 상호 공유하게 되어 생각과 감성의 공감을 불러일으킨다. 또한 기억의 공동체는 각 개인의 자율적인 기억의 소환으로 형성되기에 공동체가 개인을 구속하거나 억압하지 않는다. 그러므로 기억의 공동체는 견고하지만 열린 공동체를 지향한다.

대안학교 졸업생들을 대상으로 한 연구에서 기억의 공동체와 관련하여 흥미로운 사실들을 발견하였다.강영택 외, 2012 대안학교와 일반고등학교를 졸업하고 같은 대학교에 재학 중인 학생들에게 고등학교 시절의 경험에 대해 면담을 했을 때 그 반응은 매우 대조적

---

2. '시간'이라는 단어의 그리스어는 두 가지가 있다. 우리말의 시간과 유사한 의미인 객관적, 정량적 시간을 뜻하는 Chronos와 특별한 의미가 부여된 주관적 시간을 뜻하는 Kairos이다.

3. '시간의 리듬과 향기'라는 표현은 철학자 한병철의 책에서 중요하게 언급된다. 그는 분주한 성과주의적 삶으로 현대인들이 사색과 성찰을 잃어버린 결과 보내게 되는 시간은 리듬과 방향을 상실하게 된다고 말한다. 다시 성찰을 통해 시간에 자신의 스토리를 입혀 시간에 의미를 부여하면 시간의 향기가 복원된다 (한병철, 2013).

이었다. 일반 학교 출신들은 고등학교 시절을 회고해도 공부한 것 외에는 기억나는 것이 거의 없다고 하였다. 그러므로 같은 고등학교를 다녔다 해도 공유하는 기억을 거의 만들지 못했다. 이런 사실은 학생들이 학교에 다니는 동안 모두에게 기억에 남을 만한 재미있거나 중요한 일들이 없었음을 보여 준다. 반면 대안학교 졸업생들은 학교에서의 즐거웠던 일들을 말하느라 시간 가는 줄 몰랐다. 과거를 회상하여 건져온 기억들은 같은 학교를 다녔던 학생들로부터 공통적으로 듣는 바이기도 했다. 그들은 같은 과거의 기억을 공유한 기억의 공동체에 속해 있었고, 그 사실을 좋아했다. 그 기억의 공동체는 구성원들의 생각과 행동 그리고 태도에 영향을 주지만 그들을 구속하지는 않았다. 그 학교 졸업생들이 있는 곳이면 학창 시절의 기억을 소환하였고 이를 통해 그 대안학교는 언제 어디서든 기억의 공동체 내에 현현하게 된다.

이처럼 기억의 공동체는 강력한 교육적 힘을 지닌다. 우리가 힘든 삶을 살아가는 데 기억의 공동체 혹은 과거 기억의 소환이 어떤 힘이 있는지, 어떻게 그 힘을 발휘하는지 등을 알아보기 위해 짤막한 시 한 편을 읽는 것도 도움이 될 것이다. 박노해의 「첫마음」이라는 시이다.

한 번은 다 바치고
다시 겨울나무로 서 있는 벗들에게[4]

저마다 지닌

상처 깊은 곳에

맑은 빛이 숨어 있다


첫마음을 잃지 말자


그리고 성공하자

참혹하게 아름다운 우리


첫마음으로


   이 시는 시적 화자가 벗들에게 하는 두 개의 청유형 문장이 중
심을 이룬다. 그리고 그 문장들을 중심으로 앞뒤로 한두 개의 문
구/문장이 그 중심 문장을 수식하는 모습이다. 시 전체를 관통하
는 말의 어법은 청유형이다. 'Let's=Let us'와 같은 영어 표현에서
분명하게 드러나듯 청유는 발화자와 청자가 '우리'라는 관계로 엮
여 있음을 전제로 한 표현이다. 청유의 말이 자연스럽게 수용되기
위해서는 당사자들이 우리라는 공동체에 귀속됨을 알고 있어야 한
다. 이 시에 등장하거나 이 시가 가정하는 이들, 즉 시적 화자와 청
자들 모두가 어떤 의미에서 '우리'로 표현된 한 공동체를 이루고 있

---

4. 이 부분은 「첫마음」의 부제이지만, 여기서는 시 전체의 의미를 파악하는 데 도
  움이 되리라 판단하여 시의 맨 앞에 넣었음.

다고 할 수 있다. 과연 무엇을 근거로 공동체를 이루고 있다고 할 수 있는가? 어떤 요소들이 이들을 공동체로 이끌어 가는가?

그것은 시에 등장하거나 시에서 가정하는 이들이 경험한 과거 일에 대한 기억들이다. 시인은 과거의 기억과 관련하여 다음과 같은 중요한 삶의 모습들을 제시한다. "한 번은 다 바치고", "저마다 지닌 상처 깊은 곳", "참혹하게 아름다운" 등의 표현들은 이들의 과거가 쉽지 않았음을 암시한다. 그러나 힘든 시절을 보내고 깊은 상처를 입었지만 불만, 절망, 후회, 복수 등 부정적인 어휘로 과거를 부정하거나 거부하지 않는다. 오히려 아픈 과거로 인해 갖게 된 가난한 현재를 긍정한다. 지금 비록 앙상한 가지만 남기고 모든 잎새가 떨어져 버린 헐벗은 겨울나무로 살아가고 있어도, 때로는 참혹한 모습으로 쓰라린 깊은 상처로 고통스럽게 살아가더라도, 우리는 참혹한 아름다움을 발견하고, 상처 깊은 곳에서 피어나는 맑은 빛을 본다.

어떻게 이런 일이 가능할까? 나는 이 시에서 공동의 경험, 공동의 기억, 기억의 공동체를 읽는다. 힘든 상황에서 내가 나와 타인에게 청하거나 다짐할 수 있는 힘은 비슷한 경험을 한 벗들이 있기 때문이다. 순수했던 그 젊은 시절 이익을 따지지 않고 가치와 신념에 자신을 바친 경험을 함께했던 이들. 각자 이유는 달랐지만 깊은 상처를 입고 참혹한 모습으로 고통을 견디어야 했던 시절을 함께 보냈던 이들. 이들이 있음을 기억할 때, 이들과 함께했던 날들을 기억할 때 오늘의 힘듦을 견디게 되고 새로운 미래를 꿈꿀 수 있게 된다. 고통받은 과거의 기억을 공유한 기억의 공동체가 이들이 현재를 살아가는 힘의 발판이 되는 것이다. 이러한 기억의 공동체가 있기에 시적 화자는 짧은 두 개의 청유 문장에 자신의 심중을 담을 수 있었을 것이다. "첫마음을 잃지 말자"며 순수하고 치열했던 과거의 시간을 잊지 말 것을 다짐한다. "그리고 성공하자"라며 이제는 과거를 기억하되 과거를 넘어 현재와 미래를 충실하게 살아갈 것을 결의하는 것이다.

우리는 공동체가 필요하다. 이유를 따지지 않고 다른 의도나 목적을 생각지 않고 그저 함께하는 것만으로 중요한, 그런 모임 말이다. 특히 이런 모임에 나에게 중요했던 과거의 일들을 함께 기억하는 이들이 있다면 이 모임은 더욱 소중한 공동체가 될 것이다.

과거의 기억을 공유하며, 기쁨과 환호의 순간도 슬픔과 낙담의 시간도 함께 나눌 수 있는 이들이 우리 주변에 있기를 기대한다. 어쩌면 동시대를 살아왔고 살고 있는 지구촌의 모든 상처 입은 사람들은 함께 경험하고 있는 비극적 참상들-이상기후, 코로나19, 지구촌 곳곳의 전쟁들-로 인해 기억의 공동체를 형성할 수도 있을 것이다.

좀 더 가까이는 우리 민족만이 알 수 있는 암호와 같은 숫자들의 조합이 내포하는 비극적 사건들로 인해 또 하나의 기억의 공동체가 생길 가능성이 있다. '2014.04.16., 2022.10.29., 2023.07.18.' 이 숫자들의 조합은 최근 우리 사회에서 일어난 비극적 사건들-세월호 참사, 이태원 참사, 서이초등학교 교사의 죽음-의 발생일이다.

우리에게 깊은 상처를 준 이 사건들을 과거에 일어난 일로 가두어 두지 말고 그 일에 대한 기억을 소환하여 현재적 의미를 따져 볼 일이다. 그럴 때 과거의 그 기억들은 동시대를 살아가는 우리를 한 공동체의 일원으로 엮어 준다.

기억의 공동체란 과거의 사건들을 함께 겪었다는 사실만으로 구성되지 않는다. 고통스럽지만 과거의 기억을 현재로 소환하여 그것을 잊지 않고 있음을 재확인하고 그것이 지니는 현재와 미래적 의미를 탐구하고 다짐할 때 비로소 공동체의 문이 열린다.

# 6부

# 가르침과 배움의 거리

# 12.
## 쉼을 통한 감탄으로서의 교육
### 양광모의 「나는 배웠다」와 쉼의 교육학

대한민국의 아동과 청소년은 바쁘다. 오래전 정치적 레토릭이었던 '저녁이 있는 삶'은 직장인들에게만 필요한 것이 아니었다. 아동과 청소년에게는 필수적이다. 저녁이 있는 삶이 내포하는 '여유로운 쉼, 가족과의 정서적 교감, 충분한 영양 섭취, 하루 일과에 대한 반성' 등이 결핍될 때 청소년은 신체적, 정서적, 인지적, 사회적 성장에 심각한 타격을 입게 된다.

한국의 학생들은 세계 어느 나라 학생들보다 장시간 공부를 하지만 공부하는 과정에 자발성, 흥미, 의미부여 등이 결여되어 공부자체가 큰 부담이 된다. 공부하느라 쉼과 여가 시간을 갖지 못하는 이 현상은 쉼의 교육적 가치를 중시하는 '쉼의 교육학' 관점에서는 더 심각한 문제를 야기할 수 있다.

# 공부를 위한 쉼 혹은 쉼을 위한 공부

우리는 쉼이란 일정 부분의 일을 마치고 다음 단계의 일을 위한 준비 시간으로 이해하는 경향이 있다. 쉼의 영어 단어 'rest'의 의미를 『Oxford Dictionary』에서 찾아보면 "긴장 해소나 수면을 위하여 혹은 힘을 회복하기 위하여 활동을 중단하는 것을 허용함"이라 되어 있다. 쉼과 관련 있는 단어인 '여가'의 의미는 『표준국어대사전』에 따르면 "일이 없어 남는 시간"으로 정의된다. 즉, 국어나 영어에서 쉼 또는 여가는 일로 인해 쌓인 피로를 풀기 위해서 일을 중단하는 것을 강조한다. 이렇게 본다면 쉼 또는 여가란 그 자체가 어떤 의미를 지닌다기보다는 에너지를 비축해서 다음 일을 더욱 잘하기 위한 수단적 측면이 강조되는 것이다. 이런 생각은 현대인에게 삶의 중심은 일/활동이지 쉼/여가가 아니라는 사실을 보여 준다. 즉, 그들은 더 많은 시간을 들여 일/활동을 하고 그 결과로 높은 성과를 거두는 것을 성공적인 삶으로 본다. 이런 삶의 패턴으로 현대인들은 시간의 방향과 리듬을 잃어버리고 말아, 정신없이 일한 뒤 돌아보면 무엇을 했는지 알지 못하는 혼란을 경험하게 된다.

그런데 오늘날 일반화된 이러한 생활방식이 인류 역사에서 보편화된 방식이 아님을 기억할 필요가 있다. 일/활동을 삶의 중심에 두고 쉼을 주변적인 것으로 보는 오늘날의 관점은 근대 사회 이후의 소산물이다.

고대 그리스 시대에는 일과 쉼에 대한 이해 방식이 오늘날과 사뭇 달랐다. 당시 여가, 쉼을 나타내는 그리스 단어는 'Schole', 'Skhole'였다. 이는 오늘날 '학교'의 영어 단어 'school'의 어원과 동일하다. 오늘날 공부라는 활동을 하는 학교가 그 당시에는 여가 또는 쉼을 나타내는 단어로 불렸음을 알려 준다. 이는 당시 여가/쉼과 공부/활동의 의미와 관계가 오늘날과는 다름을 암시한다. 고대 그리스에서는 여가schole의 핵심 의미를 '일이 없음'이 아니라 '관조contemplation'로 보았다고 한다. 오늘날 관조의 의미는 "고요한 마음으로 사물이나 현상을 관찰하거나 비추어 봄"『표준국어대사전』이다. 그런데 그리스 철학에서는 관조를 좀 더 깊이 이해하여 사물의 본질이나 신적 존재에 대한 지식을 얻는 데 가장 중요한 요소라 하였다. 아리스토텔레스는 『윤리학』에서 관조는 인간의 가장 높은 수준의 사유활동이라 하였고, 사람들은 관조를 통해 영혼이 한 단계 높은 차원으로 고양된다고 믿었다. 여기서 관조의 중요한 부분은 특정 목적을 위한 긴장과 노력이 아니라 자신을 비우고 깨달음을 수용하려는 자세이다. 그러므로 관조를 핵심 의미로 삼는 여가는 적극적으로 무언가를 얻기 위해 노력하는 활동activity이 아니다. 그렇다고 아무 일도 하지 않고 가만히 있기만 하는 비활동non-activity 역시 아니다.

　　여가는 수동성, 수용성, 비움이 본질인 동시에 깨달음과 희열의 경험 등을 주요 특징으로 삼는다. 모든 것이 일과 휴식으로 구분되는 활동 중심적인 오늘날엔 여가를 현대 언어로 명확하게 표현하기가 무척 어렵다. 그래서 "마음을 비울 때 비로소 밀려드는 존재들에 대한 인식"이니, "멈추면 비로소 보이는 것들의 발견"이니 하는 다소 문학적 표현을 사용하기도 한다.

여가를 이처럼 이해한 고대 그리스 사회에서는 현대와 달리 일이나 활동이 아니라 여가와 쉼, 즉 관조와 사색이 삶의 중심이었다(물론 이런 상황은 그 사회를 지탱하는 데 필수적인 노동을 제공하는 노예들의 희생이 있었기 때문에 가능했다). 그래서 그리스 사람들, 정확하게는 시민과 귀족들에게는 쉼/여가가 일을 위해 존재했다기보다는 일이 쉼/여가를 위해 존재했다. 이처럼 쉼/여가를 고대 그리스적 관점으로 이해한다면 공부와 쉼의 관계도 전혀 달리 볼 수 있게 된다.

전통적 관점에서는 학생들에게 공부/일이 중요하고 쉼은 효율적인 공부에 필요한 보조적 요소에 불과하다. 하지만 앞에서 살펴본 관점에 따르면 사물의 본질이나 신적인 요소와 같은 중요한 지식과 지혜를 배우는 것은 활동/공부의 시간이 아니라 쉼/여가 시간임을 알 수 있다. 이렇게 본다면 쉼 없이 공부만 하는 우리 청소년은 관조나 성찰의 기회를 갖지 못해 진정 중요한 진리를 깨닫지 못하는 우를 범하게 될 것이다. 쉼은 다음 공부를 위하여 잠시 머물다 가는 임시 정류장 같은 것이 아니라 모든 공부가 지향하는 목적지 같은 것이다. 공부하는 전 과정에서 관조, 성찰, 사색이 이루어져서 학습하고자 하는 사물의 표면적 이해를 넘어 사물의 본질적 깨달음까지 얻게 된다면 이는 공부 중에 틈틈이 갖는 참된 쉼이 주는 선물일 것이다.


## 「나는 배웠다」와 쉼의 교육학


양광모의 「나는 배웠다」는 시의 대중적 특성들을 지니는 한편, 시중에 떠도는 처세술 차원의 가르침을 넘어서는 삶에 대한 혜안을 담고 있다. 시인은 삶에 대한 깊은 성찰 가운데 길어 올린 깨달음과 진리들을 소박하게 노래한다. 그의 시를 읽어 보자.


나는 몰랐다

인생이라는 나무에는
슬픔도 한 송이 꽃이라는 것을

자유를 얻기 위해 필요한 것은
펄럭이는 날개가 아니라 펄떡이는 심장이라는 것을

진정한 비상이란
대지가 아니라 나를 벗어나는 일이라는 것을

인생에는 창공을 날아오르는 모험보다

절벽을 뛰어내려야 하는 모험이 더 많다는 것을

절망이란 불청객과 같지만
희망이란 초대를 받아야만 찾아오는 손님과 같다는 것을

(중략)

시간은 멈출 수 없지만
시계는 잠시 꺼 둘 수 있다는 것을

성공이란 종이비행기와 같아
접는 시간보다 날아다니는 시간이 더 짧다는 것을

행복과 불행 사이의 거리는
한 뼘에 불과하다는 것을

삶은
동사가 아니라 감탄사로 살아야 한다는 것을

나는 알았다

· 인생이란

결국 배움이라는 것을

인생이란 결국
자신의 삶을 뜨겁게 사랑하는 방법을 깨우치는 일이라는
것을

인생을 통해
나는 내 삶을 사랑하는 법을 배웠다

시적 화자는 우리가 종종 관심을 갖는 인생의 문제들에 대해 피
상적이고 습관적으로 생각하던 차원을 넘어 더욱 깊은 사유를 통
해 새롭고도 진실된 시각으로 삶을 보고자 한다. 화자는 인생에서
슬픔이 갖는 가치, 자유와 뜨거운 심장의 관계, 자기로부터 벗어남
으로서의 비상, 절망과 희망의 차이, 불행과 행복의 거리 등과 같
이 일상이지만 중요한 문제들에 대한 깨달음을 담담히 서술한다.

화자가 보여 주는 깨달음 가운데 특히 주목하고 싶은 부분은
"[나는 몰랐다.] 삶은/ 동사가 아니라 감탄사로 살아야 한다는 것
을"이다. 앞에서 제시한 바와 같이 현대인들은 활동 중심의 삶을
살아간다. 그것을 시인은 '동사적 삶'이라 함축적으로 표현했다. 일
생을 설명할 때 더 많은 동사 어휘를 사용하는 것이 성공적인 삶
이라 생각하기 쉽다. 삶을 설명하는 데 많은 동사를 동원한다는
것은 그만큼 많은 활동을 했다는 의미이고 이는 그가 능력이 있

음을 보여 주는 증거라 생각하기 때문이다. 하지만 시인은 '동사적 삶'보다 '감탄사적 삶'을 살 것을 권면한다. 감탄사적 삶이란 많은 활동으로 분주하게 살아가는 삶보다는 여유 있게 살아가는 가운데 깊은 감동과 울림을 경험하는 삶에 가깝다. 그러므로 감탄사의 삶은 관조, 성찰, 사색을 통해 인생의 깊은 깨달음을 얻었을 때 내는 탄성을 중시하는 삶이다. 사람들은 어떤 활동을 바쁘게 하는 동안에는 감탄을 느끼거나 발하기 어렵다. 시작한 일이 마무리되고 그 일을 차분히 회상할 때 혹은 일을 마치고 거리로 나와 상쾌한 공기를 마시며 떨어지는 나뭇잎을 바라볼 때 마음 깊은 곳에서 감탄사가 발화되곤 한다.

그러므로 시인은 이 시를 통해 많은 과업을 성공적으로 수행하여 겉으로 돋보이는 소위 성공적인 삶으로부터 깊은 사색을 통해 내면의 깨달음을 얻고 감탄을 발하는 삶으로의 전환을 촉구한다. 이 시에는 화자가 몰랐던 삶의 지혜와 진실이 무엇인지가 먼저 나열된다. 그리고 배움을 통해 새롭게 알게 된 지혜가 제시된다. 이 시점에서 제기되는 질문은 어떤 계기로 시인은 인생의 중요한 깨달음을 얻게 되었느냐 하는 것이다. 시에는 구체적인 답이 나와 있지 않지만 대략적인 답은 '인생을 살아가면서 얻게 된 배움' 정도라 할 수 있다. 그러나 이 시의 중요한 문구인 "시간은 멈출 수 없지만/ 시계는 잠시 꺼 둘 수 있다"에 주목한다면 위의 질문에 대한 훌륭한 답변을 만들 수 있게 된다. 시계를 잠시 꺼 두는 행위는 분주한 일들을 잠시 멈추고 쉼과 여가를 갖는 것으로 볼 수 있다. 바쁜 활동적인 삶으로 인해 깨닫지 못하고 있던 인생의 중요한 점들을 일을 멈추고 쉼 가운데로 나아갈 때 비로소 깨닫게 되기도 한다. 특히 쉼을 통한 성찰은 우리에게 "자신의 삶을 뜨겁게 사랑하는 방법"을 배우게 한다. 이것이야말로 쉼이 우리에게 가르쳐 주는 가장 중요한 교훈이 아니겠는가?

동시에 많은 일을 바쁘게 해내는 삶이 성공적인 삶으로 간주되는 오늘날, 쉼을 예찬하고 심지어 쉼의 교육학을 주장하는 것이 시대에 뒤처지는 것으로 볼 수 있다. 그러나 현시대의 위험성과 피로함을 염려하는 철학자들의 지적한병철, 2012; 2013이나 미래교육을 연구한 전문가들의 제안들은강영택 외, 2020 하나같이 분주한 활동적 삶을 잠시 중지하고 성찰과 사색을 통해 시간에 의미를 부여할 것을 촉구한다. 가령, 공부라는 활동에 온 시간을 쏟는다고 해서 그에 걸맞은 성과를 얻는 것은 아니다. 오히려 일정 기간 공부에 몰두하고 쉼의 시간을 가질 때 그 공부는 한 단계 높은 수준으로 향상되기도 한다. 쉼은 성찰을 가능하게 하고, 당연시하던 지식에 근본적인 질문을 제기하게도 한다. 쉼은 자신이 이미 알고 있는 것이 무엇인지를 확인하고 그로 인해 감사하고 경탄하게 할 수도 있디.

# 13.

## 불현듯 찾아온 지혜와 지식
### 네루다의 「시가 내게로 왔다」와 은총으로서의 지식론

지식을 습득하는 일은 쉬운 작업이 아니다. 그 일은 적지 않은 수고를 요구하는 노동이기 때문이다. 오랫동안 자리에 앉아 책을 읽고 글을 쓰려면 신체적으로나 정신적으로 많은 에너지가 필요하다. 읽어야 하는 책의 내용이 쉽거나 재미있으면 다행이겠지만 지식 습득을 위해 읽는 책들이니 그렇지 못한 경우가 많다. 그러니 지적 호기심이 매우 강렬한 일부 사람을 제외하고 많은 사람에게 지식 습득을 위한 공부는 하고 싶지 않은 중노동이 되곤 한다.

이러한 공부의 일반적인 특성을 생각한다면 많은 사람에게도 그렇겠지만 특히 우리나라 청소년에게는 공부가 더욱 큰 고역이 아닐 수 없다. 성인들은 공부가 힘들면 중단했다가 다시 시작할 수 있는 여지가 있다. 하지만 우리나라 청소년은 그 시기에 공부를 쉬면 인생이 퇴보하는 것처럼 생각하니 공부에 대한 강박관념이 더 클 수밖에 없다. 더구나 학업의 양과 시간이 OECD 국가 중 최고 수준인데다 습득하는 지식이 그들의 삶과 괴리되어 있어 공부에

대한 흥미도가 그다지 높지 않다.<sup>강영택 외, 2020</sup> 그러니 어찌 그 공부
가 힘든 작업이 되지 않겠는가?


## 공부, 노동인가, 쉼인가?


여기서 사람들이 흔히 하는 공부에 대한 통념에 질문을 제기하
고자 한다. 공부가 과연 노동/일인가. 앞서 언급한 바와 같이 고대
그리스 사회에서는 지식을 습득하는 공부는 노동/활동보다는 여
가schole 또는 쉼에 속했다. 그리스 시민들에게 여가는 생활의 중
심이었고, 여가를 보내는 동안 관조觀照, contemplation를 통해 사
물의 본질을 깨닫는 지식의 습득이 일어나곤 했다. 관조는 사람이
자신을 비운 상태에서 사물의 본질을 깨닫는 것으로 여가의 중심
을 차지했다.

지식 습득을 여가와 관련시키는 이러한 태도는 중세시대에도 존
재했다. 당시 학자들은 지식을 습득하는 방안으로 두 가지를 제시
했다. 라티오ratio와 인텔렉투스intellectus. 라티오는 추론적, 논리
적 사고를 통한 인식 방법이고, 인텔렉투스는 관조 혹은 직관이라
는 인식 방법이다. 전통적으로 사람들은 지식 탐구가 비교하고 분
석하며 종합하고 유추하는 적극적인 사고 과정인 라티오를 통해
이루어진다고 생각했다. 그러므로 지식이란 사람들이 수고롭게 노
력한 사고 활동인 라티오의 결과물로 보았다. 그런데 중세의 대표

적인 철학자이자 신학자 토마스 아퀴나스Thomas Aquinas를 비롯
한 학자들은 지식이란 사람들의 수고와 노력으로 얻어지기도 하지
만 그에 못지않게 중요한 것이 인텔렉투스를 통해 습득되는 것이라
고 했다. 인텔렉투스는 고대 그리스의 관조와 비슷한 개념으로 수
동성passivity, 비움, 주어지는 깨달음을 중심 요소로 하며, 신의 은
총으로 주어지는 것으로 보았다.

이처럼 고대 그리스의 노동과 여가schole의 의미를 살펴보나 중
세시대의 라티오와 인텔렉투스라는 활동을 비교해 보나 과거에 지
식을 습득하는 방식이 오늘과는 달랐음이 분명히 드러난다. 오늘
날은 지식의 습득이 사고작용을 통해 일어나기 때문에 치열한 사
유 작업이라는 수고가 필연적으로 요구된다고 생각한다. 반면 과거
에는 사고작용을 통한 지식의 습득보다 내면을 비움으로 외부로부
터 오는 깨달음을 얻게 되는 지식 습득 방식을 더 중요하게 보았
다고 할 수 있다. 외부로부터 주어지는 지혜와 지식이 사물의 본질
에 관한 것이거나 초월적 세계에 관한 것이기에 그 중요성은 더하
다. 그런데 외부로부터 주어지는 지식은 수용적 자세로 받아들일
때 비로소 나의 지식이 된다. 하지만 그 지식의 원천은 내가 아니
라 나의 외부에 존재하는 것이 분명하다. 토마스 아퀴나스는 인간
외부에 있는 지식의 원천을 하나님으로 보았다. 그러므로 우리에
게 진정으로 중요한 지식이란 우리의 노력으로 얻어지기보다는 하
나님의 은총으로 주어지는 것이라고 했다.

## 현대인들이 은총으로서의 지식을
## 깨닫지 못하는 까닭

우리는 왜 신의 은총으로 주어지는 지혜와 지식을 잘 알지도 누리지도 못하는가? 왜 우리는 공부하는 수고를 하면서도 인간의 가장 중요하고 근본적인 문제들에 대한 지식을 갖지 못하는가? 이런 질문들에 대한 답은 재독 한인 철학자 한병철의 『피로사회』와 『시간의 향기』에서 부분적으로 찾아볼 수 있다. 그는 현대인들이 지나치게 바쁘게 살아간다는 사실을 지적한다. 그 분주함의 원인은 높은 성과를 내야 하기 때문이다. 현대인들은 대부분 자신의 욕망을 추구하기 위해 높은 목표를 설정하고 그것을 향해 달려간다. 그렇지만 목표란 달성하면 할수록 더욱 높아지기 마련이다. 결국 목표 달성을 위한 노력은 평생 지속된다. 그렇게 분주한 사람들은 하던 일을 멈추고 자신의 삶과 세계를 돌아보며 성찰과 관조의 시간을 갖기가 어렵다.

이런 사람들은 신의 은총으로 주어지는 위대한 깨달음을 알 수 있는 여유가 없다. 이런 상황에서는 사유 작용이 상실되고 시간은 방향과 리듬을 잃어버린 채 마냥 흘러갈 뿐이다.

무한 성과주의 삶은 우리나라 청소년에게서도 동일하게 목도되는 바다. 열심히 공부하지만 그 공부는 대학입시라는 목표를 위한 수단으로 머물고 만다. 대학입시라는 목표가 달성되면 그다음에는 취업이라는 새로운 목표가 등장한다. 이처럼 목표를 향하여 성과에 얽매인 삶은 욕망이 멈추지 않는 한 끊임없이 이어져 갈 것이다. 성과를 위한 공부는 성과와 직접 관계가 없는, 인간의 본질적인 문제나 초월적인 세계에 관해서는 관심이 없다. 이런 상황에서 우리에게 진정으로 필요한 것은 성과 달성을 위한 수단으로서의 공부가 아니라 자신과 세계를 알아가는 과정 자체를 목적으로 하는 진정한 공부다. 이러한 공부는 그 과정에서 지식의 의미를 성찰하기도 하고, 지식을 얻는 즐거움을 경험하기도 한다.

이상의 내용을 요약하면, 지식의 습득은 사유 작용으로 이루어지기도 하지만 인간 외부의 신의 은총으로 주어지기도 하는 것이다. 그런데 신의 은총으로 오는 지식을 발견하지 못하는 이유는 우리가 끊임없이 주어지는 목표에 매여 있거나 성찰이나 관조의 여유 없이 너무 분주하기 때문이다.

지식이 신의 은총으로 인간에게 찾아온다는 것이 무엇인지를 살펴보자. 이러한 현상을 잘 알 수 있는 한 방식은 이런 경험을 예민하게 포착하여 시적인 언어로 형상화한 작품을 잘 음미해 보는 것이다. 칠레의 대표적인 시인 파블로 네루다Pavlo Neruda의 유명한 시 「시가 내게로 왔다」의 전문을 읽어 보자.

그러니까….
시가 날 찾아왔다. 난 모른다.
어디서 왔는지 모른다. 겨울에선지. 강에선지.
언제 어떻게 왔는지도 모른다.

아니다. 목소리는 아니었다. 말[言]도, 침묵도 아니었다.

하지만 어느 거리에선가 날 부르고 있었다.

밤의 가지들로부터 느닷없이 타인들 틈에서

격렬한 불길 속에서 혹은 내가 홀로 돌아올 때

얼굴도 없이 저만치 지키고 섰다가 나를 건드리곤 했다.

난 무슨 말을 해야 할지 몰랐다.

입술은 얼어붙었고, 눈먼 사람처럼 앞이 캄캄했다.

그때 무언가 내 영혼 속에서 꿈틀거렸다.

열병 혹은 잃어버린 날개들,

그 불에 탄 상처를 해독하며

난 고독해져 갔다.

그리고 막연히 첫 행을 썼다.

형체도 없는, 어렴풋한, 순전한 헛소리,

쥐뿔도 모르는 자의 알량한 지혜.

그때 나는 갑자기 보았다.

하늘이 걷히고 열리는 것을

혹성들을 고동치는 농장들을

화살과 불과 꽃에 찔려 벌집이 된 그림자를

소용돌이치는 밤을, 우주를 보았다.

그리고 나, 티끌만 한 존재는 신비를 닮은, 신비의 형상을 한,

별이 가득 뿌려진 거대한 허공에 취해 스스로 순수한

심연의 일부가 된 것만 같았다.

나는 별들과 함께 떠돌았고
내 가슴은 바람 속에서 멋대로 날뛰었다.

이 시는 시인이 시를 쓰게 된 과정을 하나의 사건으로 이해하고 그 사건의 체험 과정을 비교적 소상하게 밝히고 있다. 그에게는 시를 쓰는 작업이란 어린 시절이나 고향에 대한 그리움의 기억에 기대어 과거를 회상하는 일이 아니다. 고통스러운 현실에 대한 철저한 사유를 기반으로 하는 작업도 아니다. 그에게 시는 내면세계에서 잉태되어 서서히 바깥세상으로 나온 것이 아니라는 말이다. 물론 시가 만들어지는 과정에서 과거에 대한 그리움의 기억이나 현 세계에 대한 비판적 사유가 없었다고 하는 것은 아니다. 그러나 시인이 더욱 강조하여 말하는 바는, 시를 쓸 수 있었던 영감 혹은 시의 원초적 상태라 할 수 있는 시의 씨앗이 시인의 내부가 아닌 외부로부터 주어졌다는 사실이다. 시 또는 그 씨앗이 언제 어디에서 온 것인지 시인도 알지 못하지만 분명한 것은, 시인이 내면으로부터 시상을 건져 올려 시를 창작했다기보다 시가 시인을 찾아와서 시가 완성되었다는 사실이다. 이 사실은 시인에게 하나의 엄청난 사건으로 인식되고 경험되었다는 것을 시는 보여 준다.

## 시의 방문과 시인의 환대

시의 전반부에서는 시가 시인을 찾아오고 시인이 시를 맞이하는 과정을 보여 준다. 시는 시인을 부르며 기다렸고, 시인은 어느 순간 그 사실을 깨닫고 시를 마음으로 받아들인다. 시는 언제부터인지 알 수 없지만 시인을 부르고 있었다. 밤의 거리에서, 나뭇가지 사이에서, 타인들 틈에서, 격렬한 불길 속에서, 혹은 홀로 집으로 돌아올 때. 시는 부르는 소리와 함께 시인을 살짝 건드리기도 했다. 그때 불현듯 시인은 시가 자신을 찾아온 사실을 깨달았다. 그 순간 시인은 당황스러움과 막막함으로 어찌할 바를 모르면서 할 말을 잃었다. 그러다 그는 영혼 깊은 곳에서 꿈틀거리는 뭔가를 자각한다. 그리하고는 고독 가운데 잠잠히 사색하면서 그를 찾아온 시를 맞아들인다.

시의 후반부에는 그를 방문한 시를 맞이한 시인이 시를 쓰게 되는 과정과 그 이후 시인에게 일어난 강렬한 체험이 서술되어 있다. 시인은 시를 잘 알지 못하지만 자신을 방문한 시를 환대하고 시를 쓰기 시작했다. 그러자 갑자기 하늘이 열리고, 소용돌이치는 밤과 우주를 보게 된다. 그러고는 티끌 같은 존재인 자신과 신비를 담은 광활한 우주의 대비를 깨닫고, 우주의 일부로서 자신을 보게 된다. 그리하여 시를 쓰는 시인의 영혼은 별들과 함께 떠돌고 바람 속에서 자유롭게 뛰었다고 노래한다.

이 시는 일상적 삶을 살아가는 사람들이 어떻게 시를 알게 되고 나아가 시인이 되는지를 보여 준다. 하지만 이 시에 나타나는 시와 시인의 관계가 일반적이고 보편성을 띤다고 하기는 어렵다. 네루다라는 시인의 경험을 통해 우리는 시를 쓰는 하나의 강렬한 방식을 이해하게 된다. 여기서 시인의 이 경험이 실제 일어났는지 상상 속의 일인지는 중요하지 않다. 중요한 것은 시인에게 시는 (혹은 시상詩想 또는 시적 영감은) 외부에서 찾아왔고 그 일은 그가 시를 쓰게 된 중요한 계기였다는 사실이다.

외부에서 주어지는 지식 습득 방법과 관련해서 두 가지 중요한 점을 네루다의 시를 통해 살펴보고자 한다.

첫째, 지식이 외부에서 나에게 주어졌다는 사실을 어떻게 알 수 있는가? 네루다는 시가 자기에게 온 사실을 알았는데 왜 많은 이들은 그 사실을 모르는가? 시 혹은 지식이 우리에게는 오지 않은 것인가? 왔지만 우리가 알지 못하는 것인가? 그러면 어떻게 시 혹 지식이 우리를 찾아온 사실을 알 수 있는가? 이런 당연하면서도 쉽지 않은 질문들이 제기된다. 이에 대해 네루다의 시는 하나의 가능한 답을 제시한다. 이 시에서도 시인은 시가 자신을 찾아온 사실을 한동안 알지 못한 듯하다. 그러다 시가 다양한 곳에서 여러 가지 방식으로 시인을 부르고 있음을 알게 된다. 어쩌면 시인은 그 순간을 기다리고 있었는지도 모른다. 시가 혹은 지식이 바깥 세계에서 자신을 찾아오기를 기다리는 자는 자신의 결핍을 아는 자일 것이다. 스스로 채울 수 없는 허기를 느끼는 자만이 외부 혹은 초월적 세계에서 주어지는 은총을 갈망하게 된다. 시인은 자신이 "어럼풋한 순전한 헛소리"밖에 할 수 없는 "쥐뿔도 모르는 자"인 것을 분명히 자각하고 있었다.

그렇다. 신의 은총으로서의 지식은 그것을 간절하게 열망하는 이들에게 주어진다. 그리고 지식은 매우 유연한 방식으로 우리에게 다가온다. 그러므로 우리는 바깥에서 나를 부르는 소리에 민감해야 한다. 고독과 침묵의 훈련이 나에게 속삭이는 내외적 소리를 들을 수 있게 한다.<sup>Palmer, 2006</sup> 은총으로 주어지는 지식을 발견하고 나의 내면으로 받아들이기 위해서는 고독과 침묵을 통해 바깥에서 들리는 진리의 소리를 소음과 분별하여 듣는 능력을 갖추어야 한다.

둘째, 지식이 우리에게 와서 우리의 내면세계를 형성한다고 한다면 이 과정에서 우리의 역할은 무엇인가? 시가 나를 찾아와 나의 몸을 통해 시 작품이 완성된다고 한다면 이 과정에서 시인은 무엇을 한 것인가? 이 시에서 시가 내게로 왔다는 것이 구체적으로 어떤 의미인가? 이런 질문들은 더욱 어려운 문제들이다. 이 시에서 시인은 시가 자신을 찾아왔음을 알고 당혹감에 휩싸이지만 곧 그 속에 침잠해 갔다. 그리고 고독함 가운데 드디어 시의 첫 행을 쓰는 일을 감행했다. 시를 쓰는 순간 세계는 더 이상 과거의 세계가 아닌 새로운 세계로 그에게 다가왔다.

여기서 주목할 점은, 시가 그를 찾아왔지만 그것을 수용하여 자신의 시로 새롭게 탄생시키는 작업은 시인의 몫이란 점이다. 그런데 시인은 시가 자신을 찾아온 이전과는 달리 "별들과 함께", "바람 속에서" 우주의 일부가 되어 그 시를 쓰게 된다. 그러므로 지식이 나에게 왔을 때 그것을 환대하고 수용함이 필요하다. 그것이 평소 내 관점이나 생각과 다를지라도 그것을 수용할 때 세계가 새롭게 열릴 수 있다. 차가워진 바람으로 움츠러지는 이때 길거리 어디에선가 나를 부르는 지혜의 소리에 마음 활짝 열고 응답할 수 있기를 기대한다.

성실하게 최선을 다해서 지식을 습득하기 위해 노력하는 일은 필요하고 중요하다. 그러나 최선의 노력을 다해 사고작용을 발휘한다 할지라도 알 수 없는 부분들이 있음을 인정해야 한다. 그러므로 무조건 열심히 하는 것만으로는 부족하다. 가끔은 하던 일을 멈추고 잠깐 쉬거나 자신을 돌아볼 여유를 갖는 것이 필요하다. 자신의 한계를 인식하고 비움의 상태를 유지하면서 잠잠히 외부로부터 오는 지혜의 소리를 갈망할 때 우리는 은총으로 주어지는 지식을 자신의 것으로 수용하게 될 것이다.

나가는 글

# 시詩보다 아름답고 치열한 교육을

이 책을 쓰는 데 오랜 시간이 걸렸다. 대학의 교직과목 강의 때 생각이 나면 학생들에게 시를 읽어 주곤 했던 일이 이 책을 구상하게 된 출발점이다. 2020년 연구년을 맞아 미국에 가게 되었을 때, 수업 시간에 즐겨 읽던 몇 편의 시와 함께 갔다. 코로나가 가져온 멈춤의 시간을 활용하여 그 시들에 관한 생각을 정리하여 글로 만들었다.

연구년을 마치고 돌아온 후 2022년 5월부터 2023년 4월까지 교사들을 위한 월간지 《좋은 교사》에 '시가 교육에 말을 걸다'라는 제목으로 연재하면서 원고를 가다듬어 12편의 글이 되었다. 그 후 각 장의 내용을 보완하고 한 장을 덧붙여 정리한 뒤 '함께 생각하고 토의할 질문들'과 '들어가는 글', '나가는 글'을 써서 한 권의 책을 완성하게 되었다.

처음 원고를 쓸 때는 '교육이 시처럼' 되기를 기대했다. 아름다움과 진실을 추구하는 시가 사람들에게 감동을 주듯이 교육도 그렇게 되기를 바라는 마음이었다. 시는 은유를 통해 익숙해 있던 대상이나 사물을 낯설게 함으로써 그것을 늘 같은 방식으로 보던 상투성에서 벗어나게 하고, 그것이 지닌 숨겨진 진실을 드러내게 한다. 우리는 시를 통해 낯선 진실을 발견함으로써 독특한 미적 체험을 얻곤 한다. 그러므로 교육을 시처럼 하려는 의도에는 진실과 아름다움의 추구라는 인간의 근원적인 열망이 담겨 있었다.

'나가는 글'을 쓰는 이 순간, 교육이 시처럼 이루어질 것을 기대하는 마음을 넘어 교육이 시보다 더 격렬하게 진실과 아름다움을 추구하고 실천하기를 희망한다. 시와 교육은 중요한 공통점을 지녔지만 본질적으로 다른 범주에 속해 있다. 시는 언어를 매개로 하는 예술의 한 장르로, 주로 사물과 사람이라는 존재being 혹은 존재함에 대한 탐구와 감탄을 드러낸다. 이에 비해 교육은 학문과 실천의 한 영역으로, 사물과 사람의 존재 됨becoming에 대한 탐구와 열망을 드러낸다. 시가 멈춰 선 존재와의 만남에서 경험하는 조용한 아름다움과 감동을 노래한다면, 교육은 끊임없이 움직이는 존재 됨의 과정에서 경험하는 치열하고 수고로운 아름다움과 감동을 보인다.

교육이 주는 아름다움이 시가 주는 아름다움과 유사하면서도 다름을 보이기 위해 학생들이 경험한 교육에 대한 언급을 인용하는 것도 한 방법이라고 생각했다. 아래 인용된 글들은 학생들이 힘든 공부의 과정에서 썼거나 혹은 대학원 공부를 마치고 쓴 교육에 대한 성찰의 결과물이다. 먼저 학부생들이 작성한 강의 평가에서 찾은 글을 인용한다.

"수업을 통해 세상을 보는 시야가 좀 더 넓어진 것 같습니다."

"본격적인 수업에 앞서 실시한 조별 토의를 통해 다양한 전공 학우들의 의견을 듣고 교육에 대한 다양한 시각을 알 수 있어 좋았습니다."

"학생들의 대부분 발언들을 끝까지 주의 깊게 들으시는 모습이 인상적입니다. 이런 상황에서 학생들의 창의적 사고가 발달할 것 같습니다."

"수업 시간에 질문을 많이 제기하여 당연하게 생각한 것들을 다시 생각해 볼 수 있어 좋았습니다."

이 글들은 고등학교에서 교사의 설명을 듣고 정답만을 찾는 공부에 익숙했던 학생들이 대학에 와서 얻은 새로운 배움의 경험을 보여 준다. 그들은 세상을 더욱 넓은 시야로 보게 되고, 사람들의 다양한 의견을 경청하며 수용하는 태도를 배우고, 질문을 통해 새롭게 사유하는 법을 연마하는 등, 진정한 배움을 얻고 있음을 알 수 있다. 학생들은 이러한 과정을 통해 사물과 세계를 진실되게 보고 이들을 선하고 아름답게 형성하는 방법을 배우고자 했다. 다음 글들은 중국에서 유학 온 대학원생들이 박사과정 중에 쓴 글들과 모든 과정을 마치고 학위 논문을 완성한 뒤 논문 끝에 쓴 '감사의 글'에서 찾은 것이다.

유학 생활을 시작하고부터 새로운 세계가 나를 향해 문을 열어 주었다. 나는 수업을 위해 교실로 가는 중이나 카페에서나 기숙사에서 같이 수업을 듣는 학생들과 수업 시간에 공부한 내용을 갖고 토론을 했다. 모든 수업과 토론을 통해 나의 의식은 서서히 깨어났고 활력을 얻게 되었다. 감사하게도 '학교공동체', '배움의 공동체'의 개념에 대해 알게 되었고, 그러한 것들을 실제 경험하기도 하였다. 학위 논문을 위해 지도교수님과 학우들과 함께한 세미나는 배움의 공동체와 같은 특성이 있어서 내가 가장 좋아하는 시간이었다. 그 시간들은 소중한 기억으로 남아 있다. 그들과 함께한 시간들로부터 지식, 깨달음, 소통 그리고 포용을 배울 수 있었다. 그들은 나의 기억 속에 아름다운 존재들로 남아 있다.

_AN

박사 논문 작업을 하며 직장을 지원하는 과정에서 많은 부담이 가해졌다. 다행히 교수님이 추천해 주신 사회철학 책을 읽으면서 조금이나마 불안이 해소될 수 있었다. 나는 모든 사람이 사회적 산물이라 생각한다. 나 역시 사회화된 자아로 살아가기 때문에 성인으로서 자유가 쉽지 않다는 것을 느끼게 된다. 그래서 나는 우석대학교에서의 학습 경험을 매우 그리워하게 된다. 그곳에서의 공부는 참된 자기로서의 자아를 알 수 있게 해 주었기 때문이다. 그곳에서의 배움은 끝없는 성찰을 통해 나 자신을 알게 해 주었다. 우리는 우리 자신을 제대로 알 때 비로소 우리가 살고 있는 그리고 우리를 형성하는 사회를 바르게 이해하게 된다. 우석대학교에서의 공부는 그러한 이해, 즉 참된 자아와 내가 살아가는 사회와 세계에 대한 바른 지식을 갖게 해 주었다.

　_RN


　지도교수는 내가 박사 논문의 사상적 기반이 되는 마르틴 부버의 철학적 세계에 들어가는 문을 열 수 있도록 도와주셨다. 또한 그의 도전적이면서도 따뜻한 수업들은 앞으로의 연구 주제가 될 배움의 공동체에 대한 관심을 갖게 했다. 그가 우리를 위해 교실에서 형성한 배움의 공동체를 실제 경험하고 그곳에서 따뜻함을 느낄 수 있음에 감사한다. 무엇보다 교수님과 그 공동체를 통해 대화적 관계의 아름다운 세계beautiful world of dialogical relationship를 볼 수 있었던 것에 감사한다. 그와 함께했던 배움의 날들은 소중한 기억이 되고, 앞으로의 삶에 큰 힘이 될 것이다.

　_CC


　중국에서 박사과정으로 유학 온 대학원생들-대개 중국의 현직 대학 교직원임-은 가능한 한 빨리 학위를 따서 본국으로 돌아가려는 경향이 강하다. 그럼에도 그들 중 일부는 교육의 힘에 이끌려 공부 자체에 매력을 느껴서 공부에 혼신의 힘을 기울이는 경우를 종종 보게 된다. 그들은 본국에서 경험하지 못한 학문에 대한 배움과 인생의 실존적 깨달음을 얻곤 한다. 이를 그들은 '새로운 세계'에 대한 입문 혹은 경험이라 표현한다. 이들이 유학 와서 경험하는 '새로운 세계'에는 참다운 자기Self와 자아 형성에 큰 영향을 주는 사회에 대한 지식이 포함된다. 그래서 이들은 다양한 공부를 하며 무엇보다 자신에 대한 이해가 깊어짐에 감사해 하였다. 배움의 공동체, 돌봄 공동체, 전문적 학습공동체, 마을교육공동체 등의 개념을 새롭게 접하며 그것을 자신들의 삶과 학문의 중요한 주제로 삼기도 하였다. 공동체라는 오래된 개념이 개인주의가 기반이 되는 현대 사회에서 어떻게 대안적 가치가 될 수 있을지를 탐구하는 일이 그들에게는 귀중한 실존적, 학문적 깨달음의 과정이었다. 특히 공동체 교육이 추구하는 상호 소통을 기반으로 하는 협력적 교육은 지식의 일방적 전달에 익숙해 있던 그들에게는 교육을 다시 생각하게 하는 계기가 되기도 했다.

　이러한 과정을 충실하게 경험한 한 학생은 위의 인용 글에 밝힌 것처럼 한국에서 교육을 받으면서 얻은 가장 중요한 수확으로 '대화적 관계의 아름다운 세계'를 본 것이라 하였다. 이들은 부버나 오크숏 같은 철학자들이 말한 대화의 관계/세계에 입문하여 참된 교육을 경험하고 있었다. 이들의 이러한 배움의 경험과 발언들은 비록 아름다운 시적 언어로 표현되지는 않았지만 그 자체가 한 편의 시처럼 보였다. 시가 삶과 사물의 진실과 아름다움을 찾아가는 삶의 한 방식이라면 이들이 보여 주는 교육적 깨달음의 여정만큼 더 시적인 것이 또 어디 있겠는가?

이러한 교육적 경험을 우리의 교실에서 목도할 수 있었던 것은 효용적 가치나 교환적 가치가 과대하게 평가받는 현대 사회에서 교육이 추구하는 본질에 천착하고자 했던 우리의 교육적 시도를 그들이 인지하고 공감한 결과가 아니었을까? 우리는 일관되게 교육학이라는 학문의 여러 분야에서 다양한 방식으로 사물과 삶의 진실과 선과 아름다움을 찾고자 노력해 왔다. 그리고 교육현장에서 시는 중요한 교육적 역할을 해 주었다.

어릴 때 강제적으로 (한)시를 외우게 한 중국의 강압적 교육 덕택(?)으로 많은 30대 중국 유학생들이 시 한두 편은 외우고 있었다. 수업 시간 가끔 그들이 암송하는 시와 내가 읽어 주는 시가 상투성과 형식화에 빠져 가던 우리의 의식을 새롭게 깨어나게 하곤 했다. 하지만 현실은 여전히 생존 경쟁이 치열하여 한국이나 중국 사회에서 지식의 본질에 대한 관심보다는 학업의 도구적 가치를 월등히 중요하게 여기는 상황이 심화되어 갈 따름이다. 그럼에도 시를 가까이하고 시적 감수성으로 세계를 날마다 새롭게 보려는 태도를 잃지 않는다면 학문과 삶의 진실됨과 아름다움의 추구는 이어질 것이라 믿는다.

과연 교육이 시보다 치열하고 아름다울 수 있을까? 이 말이 교육을 시와 비교 대상으로 보자는 의도는 아니다. 시는 삶의 모든 영역에서 그리고 어떤 상황에서든 진실과 아름다움의 추구가 어떻게 가능한지를 일깨워 준다. 그러므로 교육은 시가 속삭이는 소리에 귀를 기울여야 한다. 또한 이를 넘어 삶을 다루는 모든 분야와의 교류에 적극적이어야 한다. 이처럼 교육은 교육 바깥의 세계에 열려 있으면서 교육의 내적 체계를 새롭게 구성하기 위한 노력이 필요하다.

새로운 방식을 제시해 보자면, 이 책에서 시로부터 얻은 지혜를 토대로 제시한 몇 가지 새로운 교육학을 심도 있게 논의해 보는 것이다. 즉, 양광모의 「나는 배웠다」에서 찾아낸 '쉼의 교육학', 김춘수의 「꽃」에서 살펴본 '만남과 대화의 교육학', 박경리의 「산다는 것」에서 노래하는 '모순과 역설의 교육학', 정학진의 「나침반」의 '떨림의 교육학' 등이다.

교육은 시와 마찬가지로 상투성에 빠지는 순간 본질로부터 멀어지게 된다. 그러므로 교육을 하는 이들은 시인과 마찬가지로 온몸과 정신에 심겨 있는 모든 레이다를 곧추세우고 자신의 내면과 외부에서 들려오는 소리에 민감하게 반응하면서 진실과 아름다움을 찾아가야 한다. 교육은 선생과 학생의 만남, 자아와 타자의 만남, 현재와 미래의 만남, 나와 너의 만남 등 다양한 만남으로 이루어진다. 이러한 만남은 삶을 구성하고 세계를 형성하는 본질이 된다. 그러므로 교육적 활동에서 만남이 제대로 일어나지 않는다면, 즉 교육이 그 본질을 잃는다면 우리의 삶은 붕괴되고 말 것이다. 교육이 시처럼, 아니 시보다 뜨겁게 진실과 선함과 아름다움을 추구해야하는 이유다. 우리의 미래가 시보다 치열하고 아름다운 교육으로 가득 채워지기를 염원한다.

　시 한 편을 독자들에게 소개하며 글을 마치고자 한다. 이 시는 박사과정의 중국 유학생들이 한국에서의 새로운 교육적 경험을 기억하며 그것을 가능하도록 인도해 준 선생에 대한 감사의 마음으로 연구년을 보내기 위해 먼 외국으로 떠나는 선생에게 선물한 것이다. 한 학생은 수업을 비롯하여 교수와 함께한 활동들을 사진에 담아 동영상을 만들었고, 다른 학생은 교육의 핵심인 '만남'을 주제로 한시를 지은 뒤 이를 한글로 번역하였고,* 또 다른 학생은 음악을 배경 삼아 이 시를 낭송하여 동영상 작품을 완성하였다.

---

*遇见
　世界有时很大很大,
　大得很多人一辈子未曾相遇,
　世界有时很小很小,
　小得一转身就遇见了你。
　你是春天那一树一树的樱花浪漫,
　那满树的花瓣是我们张张记忆的碎片;
　你是夏日晴空的日日月圆,
　那点点繁星是我们侧耳倾听眨着眼;
　你是秋天寒霜打红的枫叶片片,
　那铺满落叶的大地是你博大的胸怀;
　你是冬日飞雪飘零的皑皑世界,
　雪地里那一串串的脚印是我们一颗颗爱你的心永恒不变。
　你是无法抗拒的磁场,
　你是东边日出的方向,
　你是无法追逐的脚步,
　你是只能仰视的理想。
　如果遇见需要等待,
　我希望是在下一个山茶花开的树下,
　如果遇见终有别离,
　我希望在离别的日子编织美丽的憧憬。
　你,
　是爱, 是暖, 是温情,
　你是尘世的平静与安宁,
　遇见你的那天是天晴,
　你是最美的风景!

이 시는 시적인 표현도 매우 아름답지만 노래하는 내용 면에서
도 만남과 교육적 체험의 깊은 관계가 어떻게 가능한지를 암시적
으로 보여 준다. 더구나 학생들이 아름다운 시 작업을 할 수 있게
만든 요인이 교육이었다는 사실을 기억해야 한다. 이처럼 시와 교
육은 서로 기대어 자신을 새롭게 하며 서로를 더욱 풍성하게 할 것
이다. 교육이 시와 더불어 시보다 치열하고 아름답게 이루어지는
세상을 향해 오늘도 작은 발걸음을 뗀다.

만남


세상은 때때로 매우 크고 커서
많은 사람들은 평생 만나지 못한다.
세상은 때때로 매우 작고 작아서
몸을 돌리자마자 당신을 만났다.


당신은 봄의 나무에 가득한 벚꽃에서 나타나는 낭만이고
그 나무로 가득 찬 꽃잎은 우리 기억의 조각이다.
당신은 여름날 맑은 밤하늘의 둥근 달이고
그 별들은 우리가 귀 기울여서 윙크하고 있다.
당신은 가을의 차가운 서리에 붉게 물든 단풍이고
낙엽이 깔린 대지는 당신의 커다란 품이다.
당신은 겨울 눈이 내려 덮인 세상이고

눈밭의 그 주렁주렁한 발자국은 당신을 사랑하고 영원히 변하지 않는 우리의 마음이다.

당신은 저항할 수 없는 자기장이고
당신은 동쪽 일출의 방향이며
당신은 쫓을 수 없는 발걸음이고
당신은 우러러볼 수밖에 없는 이상이다.

만남에는 기다림이 필요하듯이
나는 다음 동백꽃을 피우는 나무 밑에서 기다리기를 바란다.
만남에는 이별이 있어야 하듯이
나는 이별 날에 같이 아름다운 동경을 엮기를 바란다.

당신은,
사랑이고, 따뜻함이며, 온정이다.
당신은 속세의 평온함과 안녕이다.
당신을 만난 날은 하늘이 맑았다.
당신의 웃음은 세상에서 가장 아름다운 풍경이다.

함께 생각하고 토의할
질문들

# 1.
## 의미 있는 존재가 되게 하는 교육
### 김춘수의 「꽃」과 만남과 대화의 교육학

1. 저자는 오늘날 우리나라 교육의 모습 중 많은 것들이 변화하고 있다고 본다. 하지만 그 와중에도 변하지 않는 것들이 있다고 주장한다. 변화하는 것과 변하지 않는 것에는 무엇이 있는가?

2. 저자가 비판적으로 검토하는 교육에 대한 두 가지 정의는 무엇인가? 또한 이들의 한계를 넘어서는, 이 글에서 강조하는 교육의 새로운 정의는 무엇인가?

3. '교육'을 이해하는 동양과 서양의 사유 방식에는 어떤 공통점과 차이점이 있는가?

4. 저자가 제시하는 '만남과 대화의 교육학'이 의미하는 바를 설명해 보라. 김춘수의 「꽃」은 어떤 면에서 이 개념을 잘 보여

주는 시라고 할 수 있는가?

5. 김춘수의 「꽃」에 대한 저자의 해석에 동의하는가? 다르게 해석한다면 어떻게 할 수 있겠는가?

# 2.
## 세계의 진실을 추구하는 교육
김광규의 「생각의 사이」와 학문의 분화와 융합

1. 우리는 어릴 때부터 각자의 자리에서 자신의 역할을 성실하게 하는 것이 삶의 올바른 태도라고 교육받아 왔다. 이런 태도의 긍정적인 면과 부정적인 면은 무엇인가?

2. 김광규의 시 제목은 '생각의 사이'다. 이 제목의 의미를 생각해 보자. 그것이 이 글에서 주장하는 주제와 어떤 관련이 있다고 보는가?

3. 학문의 발전에 따라 사람들의 지식 이해 정도는 더욱 깊어지는 반면 지식의 이해 범위는 더욱 좁아지는 경향이 있다. 이런 경향은 학문과 삶의 실천 과정에서 어떤 문제점을 야기할 수 있는가?

4. 학문과 지식이 그 넓이와 깊이에서 균형을 이루어 우리 사회

를 더욱 조화롭고 건강하게 만들기 위해, 시인은 삶을 대하는
태도가 어떻게 달라져야 한다고 말하는가?

# 3.
## 사과를 통해 깨닫는 연결된 우주론
함민복의 「사과를 먹으며」와 공동체 역량

1. 미래 역량들 가운데 중요하게 거론되는 공동체 역량은 무엇이며, 그것은 왜 미래 사회에서 중요한가?

2. 공동체가 교육과 관계하는 방식을 저자는 어떻게 제시하는가?

3. 공동체 역량을 갖추는 것이 어떤 면에서 교육의 공정성을 확보하는 길이 되는가?

4. 함민복의 시 「사과를 먹으며」는 공동체 역량의 중요성과 필요성을 적절하게 잘 보여 준다. 어떤 점에서 그러한가?

# 4.

## 고독과 외로움의 교육적 의미
정호승의 「수선화에게」와 인간의 존재론적 외로움

1. 저자는 산에서 했던 고시 공부 경험이 이후 법조인이 된 이들의 판결이나 행보에 부정적인 영향을 주었을 수도 있다는 입장을 피력한다. 그렇게 생각하는 근거는 무엇인가? 이런 생각에 동의하는가?

2. 저자는 외로움에 대처하는 방법이 매우 중요하다고 언급하면서 두 가지 방안을 설명한다. 이 두 가지 대처에 따르는 결과들은 어떠하리라 생각하는가?

3. '인간의 존재론적 외로움'이 의미하는 바는 무엇인가? 이를 받아들이는 일이 인간의 건강한 삶을 형성하는 데 어떤 기여를 하는가?

4. 정호승의 시 「수선화에게」는 어떤 점에서 외로움이란 단순한

감정 차원이 아니고 인간 존재의 본질적인 조건이라는 사실
을 제시하는가?

# 5.
## 확신과 겸손 사이의 교육
### 정학진의 「나침반」과 떨림의 교육학

1. 저자는 우리 시대의 긍정적 가치로 여겨지는 확고한 신념이나 확신을 부정적으로 보는 경향이 있다. 저자는 왜 이러한 점들이 위험하게 작용할 수 있다고 보는가?

2. 저자는 인간의 연약함과 취약성을 이해하고 인정하는 것이 어떤 점에서 교육의 필수적 요소여야 한다고 보는가?

3. 이 책에서 저자가 말하는 떨림의 교육적 의미를 요약해서 제시한다면?

4. 저자는 정학진의 시 「나침반」에서 나침반의 떨림을 '인간의 연약함의 표징', '이상을 향한 끊임없는 추구의 표징', '경외감 가운데 끊임없는 자기반성의 표징', '보다 근원적인 진리를 향한 갈급함의 표징' 등 네 가지로 해석하였다. 이에 대해 수정

이나 보완할 사항이 있다면 무엇인가?

5. 저자는 떨림의 교육학이라는 다소 생소한 개념을 사용한다.
   각자 생각하는 떨림의 교육학이란 무엇인가?

# 6.
## 사랑으로 충일한 노동으로서의 교육
### 지브란의 「예언자」와 사랑의 교육 노동론

1. 저자는 노동에 관한 새로운 관점을 제시하기 위해 전통적인 노동관들을 열거하고 비교한다. 전통적인 노동관에는 어떤 것들이 있으며 공통적인 특징은 무엇인가?

2. 교육을 전통적인 노동관으로 볼 때 어떤 문제점들이 발생할 수 있는가?

3. 지브란Kahlil Gibran의 시에서 보여 주는 노동관으로 교육을 이해할 때 교육에 임하는 우리의 태도는 어떻게 달라지겠는가?

4. 지브란은 "노동은 눈으로 볼 수 있는 사랑이다"라고 노래한다. 이 말의 의미를 설명하고, 이를 교육과 어떻게 연결시킬 것인가?

# 7.
## 학생이라는 이름의 방문객
### 정현종의 「방문객」과 환대의 학생론

1. 저자는 오늘날 자주 듣는 '학생 중심 교육'이란 말이 왜곡되어 있다고 본다. 구체적으로 어떻게 오해되고 있는가?

2. 저자가 여기서 말하는 '학생 중심 교육'의 참 의미는 무엇인가? 당신은 어떤 의견에 동의하는가?

3. 정현종의 시 「방문객」은 어떤 면에서 학생 중심 교육의 참된 의미를 탐색하는 데 도움이 되는가?

4. 외적인 특성에 관계없이 모든 학생을 환대할 수 있는 근거를 시에서 찾는다면 무엇이 되겠는가?

5. 시인은 마음이 바람을 흉내 낸다면 환대가 되리라 노래한다. 어떤 점에서 바람이 환대의 태도를 지닌다고 할 수 있는가?

# 8.
## 곡식을 자라게 하는
## 봄흙으로서의 선생
### 도종환의 「어릴 때 내 꿈은」과 봄흙 교사론

1. 좋은 선생님이란 어떤 사람인가? 시인은 어떤 선생이 되기를 원했다고 하는가?

2. 좋은 선생님이 되기 어려운 이유는 무엇인가? 좋은 선생이 되는 데 장애가 되는 요인들에는 무엇이 있는가?

3. 시에는 화자가 학교현장에서 만나는 비교육적 현상에 대한 고민이 나타난다. 그 당시 문제와 고민은 오늘날 학교에서 발생하는 문제들과 어떤 면에서 유사하고, 차이가 있는가?

4. 저자는 좋은 교사가 되기 위해 많이 아는knowing 것과 적절한 교육적 활동doing을 하는 것도 중요하지만 어떤 사람being이 되는가가 더욱 중요하다고 한다. 왜 그러한가?

5. 시에서 화자가 강조하는 좋은 선생의 특징 가운데 시인 자신
   의 경험이 짙게 배어 있는 것은 무엇인가? 늘 훌륭하게 교사
   의 역할을 성공적으로 수행하기 어려운 평범한 이들에게 위
   로가 되는 점이기도 하다.

# 9.
## 생기 없는 봄날의 교실과 미래교육
### 김명수의 「하급반 교과서」와 학교교육의 획일성

1. 미래를 대비하는 교육에서는 주로 무엇을 중요하게 보는가?

2. 김명수의 시 「하급반 교과서」에 나타나는 우리나라 교육의 특성을 요약한다면?

3. 이 시에서 비판적으로 보여 주는 교실의 풍경이 어떤 면에서 우리나라 학교 전체의 모습을 나타낸다고 할 수 있는가?

4. 우리의 교실과 학교가 밝은 미래로 진입하기 위해 시급하게 요청되는 것은 무엇인가?

# 10.
모순의 교육을 넘어 역설의 교육으로
박경리의 「산다는 것」과 삶의 역설

1. 저자가 말하는 '모순의 교육'과 '역설의 교육'이 의미하는 바는 무엇인가?

2. 저자는 우리 교육이 나아가야 할 미래 방향을 역설의 교육으로 제시한다. 왜 그러한가? 당신은 저자의 의견에 동의하는가?

3. 박경리의 시 「산다는 것」을 저자는 모순과 역설이라는 주제어 중심으로 해석한다. 그 해석에 동의하는가?

4. 박경리의 시를 참조하여 우리 교육의 미래를 제시한다면?

# 11.
## 기억의 공동체가 지닌 교육의 힘
### 박노해의 「첫마음」과 기억의 소환

1. 근대 사회에 들어와서 학교는 공동체의 성격에서 이익사회의 성격으로 변해 간다는 지적을 종종 듣는다. 이런 현상을 긍정적인 면과 부정적인 면으로 구분하여 설명해 보라.

2. 기억을 함께 갖는다는 사실만으로 공동체라 하기에는 부족한 것이 많아 보인다. 그럼에도 현대 사회에서 '기억의 공동체'는 매우 중요한 공동체의 한 유형이 된다. 기억의 공동체가 어떤 의미에서 오늘날 공동체를 필요로 하는 이들에게 적절한 대안이 될 수 있는가?

3. 학교가 기억의 공동체가 될 때 교육의 효과가 시공간적으로 확대된다면, 학교가 기억의 공동체가 되기 위해 어떤 노력을 기울여야 하는가?

4. 박노해의 시 「첫마음」을 기억의 공동체와 연결하여 해석하는 저자의 해석에 동의하는가? 그렇지 않다면 어떻게 해석하는가?

5. 시인은 "첫마음을 잃지 말자", "그리고 성공하자"라는 짧은 문장을 핵심적으로 말한다. 이 평범한 발언이 기억의 공동체를 경험한 이들의 성숙한 다짐이라 할 수 있는 까닭은 무엇인가?

# 12.
## 쉼을 통한 감탄으로서의 교육
### 양광모의 「나는 배웠다」와 쉼의 교육학

1. '공부를 위한 쉼'과 '쉼을 위한 공부'라는 말의 의미 차이를 설명해 보라. 여러분은 어떤 입장을 지지하는가?

2. 우리나라 청소년이 다른 나라 학생들보다 공부를 많이 하는 것이 왜 문제가 될 수 있는가?

3. 공부하는 중에 쉼을 갖는 것이 공부를 한 단계 높일 수 있다는 것은 무슨 의미인가?

4. 쉼의 교육학이란 말을 쉽게 풀어 설명한다면?

5. 양광모의 시 「나는 배웠다」는 어떤 면에서 쉼의 교육학을 보여 준다고 할 수 있는가?

# 13.

## 불현듯 찾아온 지혜와 지식
### 네루다의 「시가 내게로 왔다」와 은총으로서의 지식론

1. 고대 그리스에서 지식 습득의 활동인 공부를 일/노동으로 여기기보다는 여가/쉼Schole으로 보아야 한다는 주장의 근거는 무엇인가?

2. 중세시대 지식 습득의 두 가지 형태는 무엇이었나? 오늘날과 어떤 차이가 있는가?

3. 네루다의 시 「시가 내게로 왔다」를 "은총으로 주어지는 지식"의 근거로 삼는 이유는 무엇인가? 이에 동의하는가?

4. 시인이 시를 쓰는 과정에서 외부에서 주어지는 것과 자신의 노력 혹은 역할은 어떻게 작용하면서 조화를 이루어 갔는가?

5. 자신이 공부할 계획을 세우는 데 이 장의 글이 어떤 영향을 주는가?

참고문헌

강남순(2022).『데리다와의 데이트』. 행성B.

강영안(1995).「레비나스: 타자성의 철학」.『철학과 현실』제25호, 147-166.

강영택(2022).『지속가능한 마을, 교육, 공동체를 위하여: 마을교육공동체의
    역사 탐구』. 살림터.

강영택(2017).『마을을 품은 학교공동체』. 민들레.

강영택 외(2012).『기독교대안학교의 교육성과를 말한다』. 예영.

강영택·김회권·박상진·유재봉·함영주(2020).『쉼이 있는 교육』. 쉼이있는
    교육.

김춘수(2012).『꽃』. 지만지.

김광규(1994).『우리를 적시는 마지막 꿈』. 문학과지성사.

김명수(1983).『하급반 교과서』. 창비.

김용규(2011).『철학 카페에서 시 읽기』. 웅진지식하우스.

도종환(1989).『지금 비록 너희 곁을 떠나지만』. 제3문학사.

박경리(1979; 1988).『토지』. 지식산업사.

박경리(2008).『버리고 갈 것만 남아서 참 홀가분하다』. 마로니에북스.

박노해(2010).『그러니 그대 사라지지 말아라』. 느린걸음.

박노해(2015).『사람만이 희망이다』. 느린걸음.

방진하·이성미(2015).「장자의 소요유(逍遙遊)와 오우크쇼트의 놀이(play)
    개념 비교 연구」.『교육철학연구』제37권 제3호, 77-103.

신동엽(1967).『52인 시집』.

윤대선(2004).「레비나스의 얼굴개념과 타자철학」.『철학과 현실』제61호,
    112-123.

윤대선(2009).『레비나스의 타자철학』. 문예출판사.

정학진(2009).『나무는 꼿꼿이 선 채 임종을 맞는다』. 창조문예사.

정현종(2009).『섬』. 열림원.

정호승(2015).『수선화에게』. 비채.

조영태(2017).「오우크쇼트의 미학: 삶의 모형으로서의 시」.『도덕교육연구』
    제29권 4호, 121-162.

한병철(2012). 『피로사회』. 문학과지성사.

한병철(2013). 『시간의 향기』 문학과지성사.

함민복(2020). 『우울씨의 일일』. 문학동네.

孟子. 『孟子』盡心篇.

Beck, L.(1992). Meeting the Challenge of the Future: The Place of a Caring Ethic in Educational Administration. *American Journal of Education*, 100(4), 454-486.

Beck, L.(2002). "The Complexity and Coherence of Educational Communities: An Analysis of Images that Reflects and Influences Scholarship and Practice". In Furman, G.(Ed.). *School as Community: From Promise to Practice*. Albany, NY: State University of New York Press.

Buber, M.(2000). 『나와 너』. 대한기독교서회.

Freire, P.(1995). 『페다고지』. 한마당.

Gandhi, M.(2006). 『마을이 세계를 구한다』. 녹색평론사.

Gibran, K.(2018). 『예언자』. 무소의뿔.

Hölderlin, F.(2019) 『엠페도클레스의 죽음』. 문학과지성사.

Jung, K. & Hall, C.(2020). 『칼 구스타프 융』. 스타북스.

Kittay, E.(2016). 『돌봄: 사랑의 노동』. 박영사.

Neruda. P.(2007). 『네루다 시선』. 민음사.

Nisbett, Richard(2004). 『생각의 지도』. 김영사.

Noddings, Nel(1983). *Caring*. University of California Press.

OECD(2018). OECD Future of Education and Skills 2030.

Palmer, P.(2006). 『가르침과 배움의 영성』. IVP.

Patricia Meindl, Felipe León and Dan Zahav(2020). Buber, Levinas, and the I-Thou Relation. Edited by *Levinas and Analytic Philosophy: Second-Person Normativity and the Moral Life*, 80-100. New York: Routledge.

Sandel, M.(2020). 『공정하다는 착각』. 와이즈베리.

Sergiovanni, T.(1999). *Building Community in Schools*. Jossey Bass.

UNESCO(2021). 다 함께 그려 보는 우리의 미래. UNESCO.

Wolterstorff, N.(2020). 『월터스토프 회고록: 경이로운 세상에서』. 복있는사람.

# 삶의 행복을 꿈꾸는 교육은
## 어디에서 오는가? ····················································

● **교육혁명을 앞당기는 배움책 이야기** 혁신교육의 철학과 잉걸진 미래를 만나다!

● **비고츠키 선집** 발달과 협력의 교육학 어떻게 읽을 것인가?

● **경쟁과 차별을 넘어 평등과 협력으로 미래를 열어가는 교육 대전환!** 혁신교육 현장 필독서

# 참된 삶과 교육에 관한
## 생각 줍기